웃음

옮긴이 **정연복**

서울대학교 불어불문학과를 졸업하고 같은 과 대학원에서 석사와 박사 학위를 받았다. 동덕여대 강의 전임 교수를 역임했으며 서울대, 아주대 등에서 프랑스 문화와 예술사를 강의했다. 현재 중앙대에서 강의하고 있다. 지은 책으로 『축제의 무대』 『예술 속의 삶 삶 속의 예술』이 있고, 옮긴 책으로 장 보드리야르의 『섹스의 황도』, 에릭 리베르주의 『미지의 시간 속으로』, 다비드 프뤼돔의 『루브르 가로지르기』, 스테판 르발루아의 『레오나르도 2빈치』 등 다수의 '루브르 만화 컬렉션'을 비롯해 몰리에르의 희곡선 『상상병 환자』가 있다.

문지 스펙트럼 세계 사상

웃 음 — 희극성의 의미에 관하여

제1판 제1쇄   2021년 7월 9일
제1판 제3쇄   2024년 5월 2일

지은이   앙리 베르그송
옮긴이   정연복
펴낸이   이광호
주간   이근혜
편집   박지현 홍근철
펴낸곳   ㈜**문학과지성사**
등록번호   제1993-000098호
주소   04034 서울 마포구 잔다리로7길 18 (서교동 377-20)
전화   02) 338-7224
팩스   02) 323-4180 (편집) 02) 338-7221 (영업)
전자우편   moonji@moonji.com
홈페이지   www.moonji.com

ISBN 978-89-320-3878-0 03160

웃음
—희극성의 의미에 관하여

앙리 베르그송

정연복 옮김

▲

문학과지성사

머리말[1]

이 책에는 예전에 『르뷔 드 파리Revue de Paris』[2]지에 발표했던 '웃음Le Rire'(더 구체적으로 말하자면, **특별히 희극성이 만들어내는 웃음**)에 관한 세 논문이 실렸다. 그 논문들을 책으로 묶으면서, 이전 학자들의 논리를 철저하게 검토하고 웃음에 관한 제반 이론들을 체계적으로 집대성해야 하지 않을까 생각도 해보았다. 하지만 그렇게 되면 설명이 지나치게 복잡해질 뿐 아니라 주제의 중요성과 어울리지 않는 두꺼운 책이 될 염려가 있었다. 게다가 희극성에 대한 주요 정의들에 한해서는 명시적이든 묵시적이든 간략하게나마 이미 다룬 바 있다. 우리가 든 다양한 예시는 그 정의 중 어떤 것을 분명히 떠올리게 했을 터이다. 따라서 우리는 예전의 논문들을 그대로 재수록하기로 결정했다. 다만 지난 30여 년간 희극성을 다룬 주요 저서 목록을 첨가하기로 했다.

---

1 (원주) 머리말은 23판(1924)의 것을 재수록했다.

2 (원주) 『르뷔 드 파리』, 1899년 2월 1일, 2월 15일, 3월 1일.

더불어 그 이후에 나온 다른 여러 연구 논문도 덧붙이느라 책 끝에 수록한 목록이 더 길어졌다. 앞에서 언급했듯이 책 내용에는 아무런 수정도 가하지 않았다.[3] 이 다양한 연구 논문이 웃음의 문제를 제대로 다루지 않았다는 뜻은 물론 아니다. 우리는 희극성이 **만들어지는 기법**을 명확한 방법으로 설명하려고 한다. 반면 다른 연구들은 통상 생각할 수 있는 방식, 즉 희극적인 효과들을 무척 광범위하면서도 단순한 하나의 공식 안에 가두어두려는 접근이 대부분이다. 이 두 방법이 서로 상반되지는 않는다. 오히려 이러한 후속 연구가 나왔음에도 불구하고 우리의 연구 결과는 전혀 타격을 받지 않는다. 그리고 우리는, 우리의 방법이 학문적 정확성과 엄정함을 지니는 유일한 것이라고 생각한다. 이번 책에 첨가한 부록을 참고하고 독자가 주목해주기를 바라는 것도 바로 이 점이다.

1924년 1월 파리에서
앙리 베르그송

---

3 (원주) 맞춤법, 오타에 관하여 군데군데 손을 보기는 했다.

차례

일러두기

1. 이 책은 Henri Bergson의 *Le Rire, Essai sur la signification du comique*(P.U.F., 1956)를 우리말로 옮긴 것이다.

2. 인명, 지명 등 고유명사의 외래어 표기는 국립국어원 외래어 표기법에 따랐다.

3. (원주)라고 따로 표시되지 않은 각주는 모두 옮긴이 주이다.

1장
희극성

웃음이란 무엇인가? 왜 우리는 웃는가? 광대의 갖가지 표정, 말장난, 통속 희극 '보드빌vaudeville'에 나오는 우스꽝스러운 착각, 명작 희극의 장면, 이 모두를 관통하는 공통점을 찾을 수 있을까? 어떤 증류 기법이 있길래 다양한 재료를 가지고 매번 똑같은 원액을 추출해내는 것일까? 갖가지 향수 재료를 사용하여 나온 결과물이 싸구려 냄새일 수도 있고, 은은한 고급 향수일 수도 있지만 말이다. 아리스토텔레스 이후 위대한 철학자들 모두가 별것 아닌 듯한 이 문제를 연구해왔다. 그러나 그들의 지대한 노력에도 불구하고 이 문제는 숨어버리고, 슬쩍 비껴 나가고, 빠져나가고, 어떤 때는 사라지는 듯하다가 다시 불쑥 나타나면서 하나의 골치 아픈 철학적 난제가 되고 말았다.

우리는 이 문제를 다루면서 한 가지 양해를 구하려고 한다. 웃음을 유발하는 희극적 상상 체계를 한마디로 정의 내리지는 않으리라는 것이다. 무엇보다도 희극적 상상 체계에는 살아 움직이는 것이 있다. 아무리 미미한 것이라고 해도 생명에 대한 경외심을 가지고 우리는 그것을 다룰 것이다. 어떻게 성장하여 활짝 꽃을 피우는지 관찰하는 것으로 만족하려고 한다. 그 과정에서 눈에 안 띄게 서서히 다양한 형태의 변화가 드러날 것이고, 어느 시점에는 특이한 변신도 등장하게 될 것이다. 그렇게 들여다본 것들을 간과하지 않을 것이다. 이렇게 지속적으로 관찰하다 보면 추상적인 정의보다는 유연한 어떤 것을 얻을 수 있지 않을까? 마치 오랜 교우 관계에서 생겨나는 것과 같은 허물없고 친밀한 교분과 흡사한 것일 수 있다. 또한 기대 이상의 유익한 관계가 절로 생길지도 모른다. 희극적 상상 체계에는 그 형태가 아무리 기이한 경우라도 자체 논리가 있다. 꿈을 꾸는 듯 아주 터무니없어 보이는 것도 일정한 방법에 따라 진행되고 있기 때문에, 꿈속에서처럼 황당한 장면들일지언정 사회 전체가 즉각 받아들이고 이해하게 된다. 그렇다면 희극적 상상 체계가 인간의 상상력, 특히 사회적·집단적·대중적 상상력의 작동 방식에 대해 우리에게 무엇인가 시사해줄 수도 있지 않을까? 나아가 우리의 삶에서 태어난 예술이라고도 할 만한 이 희극성이 예술과 인생에 관해 우리에게 무엇인가 말해줄 수도 있지 않을까?

우선 기본적으로 다루어야 할 세 가지 문제에 관해 견해를 피력하고자 한다. 내용상의 희극성보다는 희극성이 있을 만한 곳을 찾아내는 일에 더욱 주력할 것이다.

1. 희극성 개요

인간적인 것humain이 직접 연관되지 않는다면 희극성은 존재하지 않는다. 이는 첫번째로 주목해야 할 사항이다. 풍경은 아름답거나, 매혹적이거나, 숭고하거나, 하찮거나 보기 흉할 수 있다. 그러나 결코 우스꽝스러울 수는 없다. 우리는 동물을 보고 웃음을 터뜨리기도 한다. 그러한 동물에게서 인간적인 태도나 표현을 발견하기 때문이다. 모자를 보고 웃을 수도 있다. 그러나 우리는 펠트나 밀짚 조각을 보고 웃는 것이 아니라 사람이 만든 모자 모양을 보고 웃는 것이다. 모자를 그렇게 만든 인간의 변덕 때문에 웃는 것이다. 이렇듯 단순하면서도 중요한 사실이 어찌하여 철학자들의 관심을 끌지 못했을까? 많은 사람이 인간은 '웃을 줄 아는 동물'이라고 정의했지만, 사실은 웃길 줄 아는 동물이라고 정의할 수도 있었을 것이다. 왜냐하면 인간이 어떤 동물이나 사물을 보고 웃는다면, 이는 인간과의 유사성, 인간이 남긴 흔적, 인간이 어떤 작용을 가했는지를 보고 웃는 것이다.

이제 웃음에 통상 수반되는 **무감성**insensibilité에 주의를 기울여보자. 이것은 첫번째로 주목한 사항만큼이나 중요한 특징이다. 희극적인 것은 평온하고 균형 잡힌 영혼을 자극해야만 진동을 일으킬 수 있는 듯하다. 냉정함이야말로 희극성을 감지할 최적의 조건이다. 웃음에서 감정보다 더 큰 적은 없다. 그렇다고 해서 연민이나 애정을 느끼게 하는 사람을 두고 웃을 수 없는 것은 아니다. 단지 잠깐 동안만 애정을 잊고 연민을 가둬두기만 하면 된다. 순전히 지성으로만 이루어진 사회가 있다고 하자. 그런 사회에서는 우는 사람이 있을 수 없다. 그러나 웃는 사람은 여전히 있을 것이다. 반면 한결같이 감수성이 예민하고 삶에 밀착되어, 어떤 일이 일어나든 감정에 끌려다니는 사람들을 생각해보자. 그들은 웃음을 알지도, 이해하지도 못할 것이다. 잠시 동안만, 들리는 모든 소리와 일어나는 모든 일에 관심을 가지려고 해보라. 내가 아닌 다른 사람들이 하는 행동, 그들의 느낌에 상상력을 발휘하여 동참해보라. 그렇게 하여 최대한도로 공감할 수 있도록 해보라. 마치 요술 지팡이에 닿은 듯 가장 보잘것없는 것들도 중요성을 지니게 되고, 모든 일이 심각하게 보일 것이다. 다음으로 감정을 싹 치우고, 무관심한 관객의 입장으로 삶을 대해보라. 수많은 드라마가 희극으로 바뀔 것이다. 춤추는 사람들이 한꺼번에 우스꽝스럽게 보이기 위해서는, 무도회장에서 귀를 막고 음악을 듣지 않는 것으로 충분하다. 이렇게 하는데도 여전히 진지하게 보일 인간의 행동이 얼마나 될까? 음악을 듣고 느끼는 감정을 제거하기만 하면, 아마도 단번에 진지함으로부터 익살스러움으로 바뀌는 것이 느껴지지 않을까? 그러므로 결국 희극성이 충분히 구현되기 위해서는, 일시적이나마 감성이 마취 상태가 되어야 한다. 희극성은 순전히 지성에 호소하는 것이다.

다만 이 지성이 다른 사람의 지성과 접촉을 유지해야 한다. 여기에 우리가 주목하고자 하는 세번째 사실이 있다. 자신이 고립되어 있다고 느낄 경우엔 희극적인 것을 감지하기 어려운 법이다. 웃음은 반향écho이 있어야 한다. 웃음소리를 잘 들어보라. 웃음은 윤곽이 뚜렷하고, 분명하고, 완성된 소리가 아니다. 웃음은 점점 울려 퍼지면서 계속되려고 한다. 산중의 천둥처럼 엄청난 큰 소리로 시작해서 구르는 소리가 지속되는 것이다. 그렇다고 해서 이 반향이 끝도 없이 이어지지는 않는다. 그것은 우리가 원하기만 한다면 얼마든지 큰 범위 안에서 이루어질 수도 있지만, 그럼에도 불구하고 그 범위는 한정된 것이다. 그러므로 우리의 웃음은 언제나 한 집단의 웃음이라고 할 수 있다. 기차나 음식점의 테이블에서 여행객들이 이야기를 주고받으며 자지러지게 웃는 것을 보면, 그들에게는 아주 우스운 이야기임에 틀림없다. 그들과 같은 일행이라면 누구나 웃게 된다. 그러나 일행이 아닌 사람에게는 웃을 마음이 전혀 없는 것이다. 설교를 듣고 모든 사람이 눈물을 흘리는데 유독 울지 않는 사람이 있어 물어보았더니 그는 이렇게 대답했다. "저는 이 교회 소속이 아니랍니다." 눈물에 대한 이 사람의 생각은 웃음에 더 잘 적용될 것이다. 사람들은 웃음이 솔직한 것이라고 생각한다. 그러나 사실 웃음에는, 실제로든 상상으로든 함께 웃는 타인들과의 일치된 생각, 말하자면 일종의 공범 의식 같은 것이 숨어 있다. 극장에서 관객의 웃음은 장내가 가득 찰수록 더 커진다는 것, 이는 얼마나 많이 이야기되어온 사실인가?

한편 희극적 효과는 한 언어에서 다른 언어로 쉽게 옮겨질 수 없고, 따라서 희극성이 어떤 특성 사회의 관습과 통념에 연관되어 있다는 사실도 빈번하게 지적되지 않았던가? 그러나 이러한 상호 연관 관계의 중요성을 충분히 이해하지 못했기 때문에 지금까지 우리는 희극적인 것을 단순한 호기심으로 즐긴다고만 생각했다. 그러므로 웃음 자체는 여타의 인간 활동과 아무 상관 없는 기이하고 고립된 현상일 뿐이라고 여기게 되었다. 그 결과 희극적인 것을 '지적인 대조'나 '감각적 부조리' 등, 여러 관념 사이의 추상적 관계로 취급하려는 이런저런 정의가 나오는 것이다. 이러한 정의들은, 설사 희극적 형태에 실제로 모두 적용된다고 해도, 우리가 희극적인 것을 보고 왜 웃는지에 대해서는 조금도 설명해주지 않는다. 여타의 논리적 관계는 우리 몸을 전혀 움직이게 하지 못하는데, 이 유별난 논리적 관계는 우리가 알아차리자

마자 왜 우리의 몸을 수축시키고 확장시키며 뒤흔들어놓는 것일까? 그러므로 우리는 그런 식으로 문제를 다루지는 않을 것이다. 웃음을 이해하기 위해서는 웃음을 사회라고 하는 본래의 상황에 다시 가져다놓아야 한다. 그리하여 특히 웃음이 지닌 유용한 기능, 즉 사회적인 기능을 밝혀야 한다. 분명히 말하건대, 이것이 우리 연구의 중심 사상이 될 것이다. 웃음은 공동생활 속 갖가지 요구 사항에 부합하는 것이다. 웃음에는 분명 사회적인 의미 작용이 깃들어 있다.

지금까지 살펴본 세 가지 예비 고찰에서의 쟁점을 정리해보자. 여러 사람이 모여서 감성은 침묵시키고 지성만을 행사하는 가운데, 그들 중 한 사람에게 모든 주의를 기울인다고 해보자. 바로 이럴 때 희극성이 나오는 듯하다. 그렇다면 어떤 특이 사항에 주목하게 되는 걸까? 지성이 관심을 갖는 것은 무엇일까? 이러한 질문에 대답하는 것이, 우리가 앞으로 다루어야 할 문제에 다가가는 일이다. 하지만 그에 앞서 몇 가지 예를 들 필요가 있다.

2. 희극성의 원천

길거리를 달리고 있던 한 남자가 비틀거리다 넘어진다.
이를 본 행인들이 웃음을 터뜨린다. 땅바닥에 주저앉을 생
각이 들어 그랬을 거라고 추측했다면 그들은 웃지 않았을
것이다. 그가 본의 아니게 주저앉았다고 생각하기 때문에
웃는 것이다. 그러므로 웃음을 불러일으키는 것은 갑작스
러운 태도의 변화가 아니라 그 변화가 본의 아니게 일어났
다는 사실, 즉 실수다. 길에 돌멩이가 하나 있었는지도 모른
다. 걸음걸이를 바꾸거나 장애물을 피했어야만 한다. 그러
나 유연성의 부족으로, 혹은 잠시 방심했거나 몸이 경직되
어 있어서, 말하자면 **몸이 뻣뻣해졌거나 이미 몸에 붙은 속
도로 인해,** 달리 움직여야 하는 상황인데도 근육은 계속해
서 똑같은 운동을 한 것이다. 그 결과 그 사람은 넘어지고,
그것을 보고 행인들은 웃는다.

아주 사소한 일도 수학적인 정확성으로 대하는 사람이
있다고 가정해보자. 그런데 짓궂은 장난꾸러기가 그 사람
주변에 있는 이런저런 물건에다 속임수를 부려놓았다고 해

보자. 잉크병에 펜을 넣었는데 진흙이 묻어 나오고, 견고한 의자에 앉는다는 게 마룻바닥에 넘어지는 식이다. 늘 해오던 대로 했는데 엉뚱하고 어이없는 행동을 한 꼴이 되었다. 습관이 몸에 밴 것이다. 행위를 중단하거나 바꾸었어야 한다. 그러나 그는 계속해서 기계적으로 앞으로 쭉 나아간 것이다. 따라서 사무실 안 짓궂은 장난의 희생자는 뛰어가다가 넘어진 사람과 상황이 비슷하다. 똑같은 이유로 우스꽝스러워지는 것이다. 두 경우 다 세심한 융통성과 민첩한 유연성이 요구되는 상황에서 **기계와 같은 뻣뻣함**을 보여주었기 때문에 웃음을 자아낸 것이다. 유일한 차이점은, 전자는 저절로 생긴 데 반해 후자는 인위적이라는 점이다. 전자의 경우 행인이 **구경만** 하지만, 후자의 경우에는 짓궂은 장난꾸러기가 **개입한** 것이다.

그러나 두 경우 다 웃음은 외적인 상황에서 기인한다. 겉으로 보이는 부분으로 인해 돌발적으로 희극성이 생기는 것이다. 사람의 내면 깊숙이에서 희극성이 생길 수는 없을까? 그러려면 우연적인 상황이나 고약한 장난으로 인한 장애물 없이도 기계처럼 뻣뻣해야 한다. 뻣뻣함이 뼛속 깊이 배어 있어 언제든지 자연스럽게 불쑥 튀어나와야 한다. 반주에 뒤처져서 노래하는 것처럼, 지금 하고 있는 일이 아니라 좀 전에 했던 일에 여전히 몰두하는 사람을 가정해보자. 타고나기를 감각적으로나 지적으로 유연성이 결여되어 있어서 이미 없어진 것을 보인다고 하고, 더 이상 들리지 않는 소리를 듣고 당치도 않은 말을 계속 지껄이는 사람, 그래서 결국 눈앞의 현실에 대처하지 않고 지나가버린 가공의 상황에 자신을 계속 맞추려는 사람을 상상해보자. 이러한 경우에 우스꽝스러움은 그 사람 내부에 있는 것이다. 말하자면 웃음을 불러일으키는 모든 것, 즉 소재와 형식, 원인과 계기를 제공하는 것이 바로 자기 자신이다. 그러므로 희극 작가들은 **방심한 사람**(우리가 방금 묘사했던 사람이 바로 그러한 인물이다)에게서 영감을 받는 경우가 흔하다. 이러한 인물과 우연히 마주친 라브뤼예르[1]도 이 인물을 분석하면서 희극적인 효과를 무한정 만들 수 있는 비결을 찾았다고 생각했다. 그리하여 자기의 생각대로 창안한 방법을 과하게 써먹었다. 메날크[2]에 대해 중언부언하며 끝도 없이 세세한 묘사를 길게 늘어놓은 것이다. 쉬운 주제라는 생각에 사로잡혀 있었던 모양이다. 방심을 분석한 것만으로 우리가 희극성의 원천에 도달했다고 할 수는 없다. 그러나 방심이 낳는 행동과 생각은 희극성의 원천에서 나온 것이다. 이제 우리는 웃음이라는 고지로 향하는 경사진 언덕 중 하나에 와 있다.

1 Jean de La Bruyère(1645~1696). 프랑스의 모럴리스트. 17세기 말의 온갖 시대상을 『성격론 *Les Caractères*』에 집약해놓았다.
2 라브뤼예르의 『성격론』 중 11장 「인간에 관하여 De l'homme」에 나오는 인물.

그런데 방심의 효과는 더욱 커질 수 있다. 좀 전에 구체적인 첫 예에서 보았던 법칙이 하나 있는데, 다음과 같이 공식화해볼 수 있을 것이다. "어떤 이유로 희극적인 효과가 생겼을 때, 그 이유가 자연스러워 보이면 그만큼 희극적인 효과는 더욱 커진다." 아주 단순히 방심한 행동만 보여도 우리는 웃는다. 그런데 우리가 보는 앞에서 방심 상태의 정도가 점점 심해진다면, 그리하여 그 후 무슨 일이 일어났는지를 다 알 수 있다면 더욱 우스운 일이 되리라. 비근한 예로 연애소설이나 기사도 이야기를 즐겨 읽는 사람을 가정해보자. 소설의 주인공들에게 이끌리고 매료되다가 조금씩 생각과 의지가 주인공들 쪽으로 기울게 될 것이다. 그리하여 마침내 최면에 걸린 사람처럼 행동하게 되는데, 이때 독자의 행동은 방심 상태에서 나오는 것이다. 다만 이때의 방심 상태는 본인이 잘 아는 원인에 결부되어 있는 것으로, 단순히 **멍한 상태**absences는 아니다. 상상적으로 설정된 환경에 속해 있는 인물의 **현존**présence으로 생기는 방심이다. 넘어지는 것은 분명히 똑같다. 그러나 아무 데나 보고 가다가 우물에 빠지는 경우와, 별을 뚫어져라 쳐다보며 가다 넘어지는 경우는 엄연히 다르다. 돈키호테가 응시했던 것도 바로 하늘의 별이었다. 이 공상적이고 몽상적인 정신이 추구한 별 바라보기에는 얼마나 깊은 희극성이 숨어 있는가! 웃음을 불러일으키는 요인인 방심에 관해 생각해보면, 이 깊은 희극성도 가장 단순한 희극성과 연관되어 있음을 알 수 있다. 그렇다. 몽상가, 광신자 그리고 이상야릇한 방식으로 조리가 정연한 광인들은, 우리가 앞에서 보았던 사무실에서의 짓궂은 장난의 희생자나 거리에서 미끄러진 행인과 마찬가지로 우리의 감성에 동일한 소리를 내게 하고, 동일한 기계적 작동을 시켜서 웃게 하는 것이다. 그들 역시 달리다가 넘어지는 사람이며, 남들에게 잘 속아 넘어가는 어리석은 사람들이다. 다만 이상을 품은 채 달리다가 현실에 걸려 비틀거리는 자들이고, 순진한 몽상가들이라서 언제 세상의 기습을 당할지 모르는 사람들이다. 그러나 그들은 위대한 방심가로서, 다른 방심가들보다 우월하다고 할 수 있다. 왜냐하면 그들의 방심은 하나의 주된 생각을 중심으로 체계적으로 조직화되어 있기 때문이다. 그들이 겪는 여러 불상사 역시 빈틈없는 논리와 결속되어 있다 보니, 현실은 기를 쓰고 그 꿈을 교정하려고 든다. 그런 가운데 그들은 눈덩이처럼 점점 커지며 무한히 증폭되는 웃음을 불러일으킨다.

이제 한 걸음 더 나아가보자. 고정관념의 경직성이 정신적 기질에서 비롯된다고 한다면, 인간적 결함은 성격에서 나오는 것이 아닐까? 꼬인 천성 탓이든 강인한 의지의 결여 때문이든, 결함의 대부분은 왜곡된 영혼에서 비롯된다. 어떤 경우에는 악덕 속에 영혼이 최대한 깊이 자리 잡고 있으면서 악덕을 크게 키우고 훈련시키고 활성화하여 온갖 형태로 바꾸는 힘을 발휘한다. 이것은 비극적인 결함이다. 이와는 반대로 우리를 웃게 하는 결함이 있는데, 그것은 외부로부터 주어지는 것이다. 마치 다 만들어진 틀 안에 우리가 끼워 넣어지는 것과 같다. 이때 우리는 결함으로 인해 유연성을 잃고 굳어진다. 우리 때문에 결함이 복잡해지는 것이 아니라 결함 때문에 우리가 단순해진다. 마지막 장에서 자세히 언급하겠지만, 여기에 바로 '희극la comédie'과 '비극le drame'[3]의 본질적 차이가 있다.

비극은 어떤 열정이나 결함을 묘사할 때 인물과 완전히 합일되게 워낙 잘 묘사하여 열정이나 결함이 무엇인지, 그 일반적인 성격이 어떤지 다 잊어버리게 한다. 관객은 열정이나 결함 자체가 아니라 거기에 푹 빠져 있는 인물만 생각하게 되는 것이다. 이런 이유로 비극의 제목은 고유명사만될 수 있다. 이와 달리 희극의 제목은 「수전노L'Avare」,[4] 「노

---

3 이때 드라마le drame는 희극과 대비되는 개념이므로 비극으로 옮겼다. 베르그송은 '드라마'를 비극의 개념으로 자주 쓰고 있어, 문맥에 따라 '비극' 혹은 '드라마'로 번역했다.

4 몰리에르Molière(1622~1673)의 희극(1668). 수전노인 아버지 아르파공에게 대항하여 사랑을 쟁취하는 젊은이들의 이야기. 몰리에르는 프랑스의 희극 작가이자 배우로, 초기에는 소극farce을 많이 쓰다가 희극에 깊이를 더해가면서 인간과 풍속의 면면을 풍자하고 비판하는 다수의 희극 작품을 남겼다. 베르그송은 몰리에르의 작품을 자주 예로 들면서 희극성의 문제를 다룬다.

름꾼Le Joueur」[5] 등 보통명사가 대부분이다. 예를 들어 질투
쟁이le Jaloux라고 불릴 수 있는 작품을 하나 말해보라고 한
다면 스가나렐[6]이나 조르주 당댕[7]이 떠오르지, 오셀로[8]가
생각나지는 않을 것이다. 질투쟁이는 희극의 제목이 될 수
있을 뿐이다. 왜냐하면 희극적 결함은 아무리 인물과 하나
가 되려고 해도 여전히 독자적이면서 단순한 것으로 머물기
때문이다. 그리하여 희극적 결함은 눈에 보이지 않지만 분
명히 존재하면서 중심인물을 맡고 있어, 무대 위에 실제로

5 프랑스 극작가 르냐르Jean-François Regnard(1655~1709)가 쓴 5막 운문
희극. 완벽한 성격희극(1696)이다. 그의 작품에서는 몰리에르의 영향이 느
껴지고, 마리보Pierre de Marivaux의 재치가 예견된다. 대표작으로 「노름
꾼」(1696), 「얼빠진 사람Le Distrait」(1697) 등이 있다. 르냐르는 18, 19세
기에 몰리에르 이후 최고의 프랑스 희극 작가로 칭송되었다.

6 몰리에르가 창조한 인물로, 언제나 몰리에르 자신이 역할을 맡아서 연
기했다. 「스가나렐 혹은 상상으로 오쟁이진 남편Sganarelle ou le Cocu
imaginaire」(1660), 「남편들의 학교L'École des maris」(1661), 「강제 결혼
Le Mariage forcé」(1664), 「동 쥐앙」(1665), 「사랑이라는 의사L'Amour
médecin」(1665), 「억지 의사Le Médecin malgré lui」(1666)에 등장한다. 여
기서의 스가나렐은 「스가나렐 혹은 상상으로 오쟁이진 남편」에 나오는
이를 지칭하고, 의처증에 늘 사로잡혀 있는 인물이다.

7 몰리에르의 발레 희극 「조르주 당댕George Dandin」(1668)의 주인공.
자세한 줄거리는 98쪽의 주27 참조.

8 셰익스피어의 4대 비극 중 하나인 「오셀로Othello」(1604)의 주인공.
교활한 이아고의 술수에 속아 질투와 의심으로 끙끙 앓다가 순수한 아내
데스데모나를 결국 죽음에까지 이르게 한다.

등장하는 인물들이 오히려 그 결함에 종속되어 있는 판국이다. 때때로 희극적 결함은 독자적인 힘으로 등장인물들을 끌어당겨서는 경사를 따라 신나게 함께 구른다. 대부분의 경우 희극적 결함은 등장인물을 악기처럼 연주하거나 꼭두각시처럼 조종하려고 든다. 좀더 면밀히 살펴보면, 희극 작가의 기교는 관객인 우리에게 이 결함을 잘 알게 해주어 아주 친밀해지도록 하는 것임을 알 수 있다. 그리하여 결국 결함이 붙잡고 놀던 인형의 줄을 우리 관객들이 쥐게 되는 것이다. 이제 우리가 그 줄을 붙잡고 놀 차례다. 우리가 희극에서 느끼는 재미의 일부는 여기에서 나온다고 할 수 있다. 따라서 여기서도 자동 장치가 우리를 웃게 하는 셈이다. 그리고 이 자동 장치는 단순한 방심 상태와 매우 흡사하다. 희극적 인물이 우스꽝스러워지는 것은, 인물이 자기 자신을 망각하는 것에 정확하게 비례한다는 사실을 떠올려보면 이 말이 이해가 될 것이다. 희극성은 **무의식의 산물이다.** 지제스[9]의 반지 효과를 거꾸로 사용하는 것처럼, 자기 자신에게는 안 보이면서 다른 모든 사람에게는 보이는 존재가 되는 것이다. 비극의 인물은 상황이 어떻게 진전되는지를 우리

9 기원전 7세기의 리디아(에게해 근방의 소아시아 지역으로, 현재는 터키)의 왕으로, 메름나드 왕조의 창시자. 그리스 신화에 전해오는 전설에 따르면, 기이한 반지의 힘으로 자기 몸을 보이지 않게 해서 칸다울레스 왕을 퇴위시키고 그의 아내와 결혼했다고 한다.

가 안다고 하더라도 자신의 행동을 바꾸지는 않는다. 비극적 인물은 자기 자신을 명확하게 인식하면서도, 또한 자신이 우리에게 공포를 불러일으킨다는 것을 분명하게 느끼면서도 끝까지 자신의 행동 양식을 밀고 나간다. 그러나 우스꽝스러운 결함은 웃음거리가 된 것을 느끼는 순간, 겉으로나마 자신을 교정하려고 애쓴다. 아르파공[10]이 만약 우리가 그의 인색함을 보고 웃는 것을 알아차린다면, 자신의 인색함을 고치지는 못할지라도 적게 드러내거나 다른 방식으로 드러내려고 할 것이다. 바로 이러한 의미에서 웃음이 '풍속을 정화한다'라고 할 수 있다. 웃음은 우리로 하여금 마땅히 되어야 할 존재, 아마도 언젠가는 진짜 될 수도 있는 존재처럼 보이도록 바로 노력하게 해준다.

이제 이러한 분석을 더 밀고 나갈 필요는 없어 보인다. 뛰어가다가 넘어지는 사람에서부터 잘 속아 넘어가는 순진한 사람에게로, 속임수에서 방심으로, 방심에서 열광으로, 열광에서 의지나 성격의 다양한 변형에 이르기까지, 우리는 희극성이 점점 더 인물 속 깊숙이 자리 잡아가는 과정을 추적해보았다. 그러나 이러한 과정을 통해 격조 높은 희극에

---

10 몰리에르의 희극 「수전노」에 등장하는 주인공. 돈 때문에 딸이 사랑하지도 않는 부유한 노인을 사위로 삼으려 하고, 자신은 아들의 애인과 결혼하려고 하는 기이한 성격의 소유자다.

서도 조잡한 희극에서 보던 것, 즉 자동주의와 경직성의 효과를 우리는 끊임없이 떠올렸다. 대충 살펴본 것이어서 막연하고 불명확하긴 하지만, 우리는 인간성의 우스꽝스러운 측면과 웃음의 일상적 기능에 관해 첫번째 견해를 도출해낼 수 있었다.

삶과 사회는 우리 모두에게 끊임없이 주의를 기울여서 이런저런 현 상황들을 잘 파악할 것을 요구한다. 그뿐만 아니라 유연한 몸과 정신으로 다양한 상황에 대처할 수 있기를 바란다. **긴장**과 **유연성**, 이것이 바로 삶이 내거는 상호 보완적인 두 힘이다. 우리 몸에 이 둘이 심각하게 부족하다면 온갖 종류의 사고나 불구 혹은 병이 초래된다. 정신에 이러한 결핍이 생긴다면 각종 심리적 결함, 다양한 형태의 광기가 나타나게 될 것이다. 이제 이러한 결함이 성격에 생긴다면 어떻게 될지 생각해보자. 사회생활에 적응하지 못하는 정도가 심해 비참함의 근원이나 때로는 범죄의 원인까지도 될 것이다. 아주 중대한 생존 문제와 결부된 이러한 결함이 제거되어야만(흔히 생존경쟁이라고 불리는 것 속에서 저절로 없어지기도 한다) 인간은 살 수 있으며, 특히 남들과 더불어 살아갈 수가 있다. 그러나 사회는 또 다른 것을 요구한다. 사회에서는 그저 사는 것만으로는 충분하지 않다. 사회는 잘 사는 것을 추구하기 때문이다. 사회가 꺼리는 것은, 우리 모두가 삶에 꼭 필요한 부분에만 신경을 쓰고, 나머지는 이미 몸에 밴 습관의 안이한 기계적 동작에 자신을 맡겨버리는 것이다. 또 한 가지 사회가 염려하는 것은, 사회 구성원 모두의 뜻이 균형을 이루도록 각별히 신경 써서 잘 어우러져 살아가려고 하지 않고, 아주 기본적으로만 균형을 유지하는 데 그치는 것이다. 서로 사이좋게 지낸다고 해서 사회생활이 잘되는 것은 아니다. 서로 적응하려는 노력을 끊임없이 해야 한다. 따라서 성격, 정신, 나아가 몸이 보여주는 모든 **경직성**은 사회에서 의심을 받게 될 것이다. 왜냐하면 그것은 둔화되고 고립된 활동, 그리하여 사회 전체가 중요하게 생각하고 중심으로 삼는 규범에서 멀어진 활동, 한마디로 상식을 벗어난 행동의 징표이기 때문이다. 그러나 이러한 행동이 사회에 실제적인 타격을 가하지는 않기 때문에, 물리적인 강압으로 이를 제어할 수는 없다. 사회는 사회를 불안하게 하는, 그러나 단지 징후일 뿐이어서 위협이라기보다는 제스처에 불과한 것에 직면해 있는 셈이다. 그러므로 사회 역시 단순히 제스처로만 대응할 수 있을 뿐이다.

웃음이란 이러한 일종의 **사회적 제스처**임에 틀림없다. 웃음은 경각심을 불러일으킴으로써 엉뚱한 행동들을 제어하고, 자칫 고립되고 둔화될 우려가 있는 주변부의 대수롭지 않은 활동들을 부단히 깨어 있게 하고, 서로 관계를 유지하게 한다. 그리하여 결국 사회 구성체의 표면에 드러나는 모든 기계적인 경직성을 부드럽게 만드는 것이다. 그러므로 웃음은 순전히 미학의 영역에 속한다고 볼 수 없다. 왜냐하면 웃음이 보편적 개선이라는 유익한 목표를 추구하기 때문이다(무의식적으로, 그리고 독특하지만 많은 경우에는 부도덕한 방식으로까지 이루어진다). 그럼에도 불구하고 웃음은 미학적인 측면을 지닌다. 그 이유는, 사회와 개인이 자기 보존 욕망에서 벗어나 스스로를 예술 작품으로 대하는 바로 그 순간 희극성이 생겨나기 때문이다. 요컨대 개개인의 삶이나 사회생활을 심각하게 저해하기 때문에 당연히 제재를 받는 행동이나 성향들은 묶어서 테두리를 치자. 격렬한 감정이 들끓고 첨예한 대결의 장인 이 원 바깥에 중립지대가 있다. 그곳은 신체, 정신, 성격의 경직성이 다른 사람에게 단순히 구경거리가 되는 곳으로, 사회는 이러한 경직성을 제거하여 그 구성원들로부터 가능한 한 최대한의 유연성과 사회성을 얻으려고 한다. 이 경직성이 웃음거리이며, 웃음은 이에 대한 징벌인 셈이다.

그러나 이 단순한 공식이 희극적인 모든 효과를 단번에 설명해주리라고는 기대하지 말자. 그 공식은 기본적이고 이론적이며 완전한 경우에만 적용이 되는 것으로, 이때의 희극성은 어떠한 혼합물도 섞이지 않은 순수한 것이다. 그러나 우리는 이것을 '**중심 사상**leitmotiv'으로 하여 우리의 모든 설명을 전개해나가고자 한다. 늘 염두에 두되 지나치게 신경을 쓰지는 않을 것이다. 이것은 마치 훌륭한 검객이 몸으로는 결투의 연속적 동작을 해나가면서도 기본 검술학의 불연속적인 움직임을 생각해야 하는 것과 같다. 이제 우리가 밝히려고 하는 것은 희극적 형태들 간의 연속성이다. 이를 위해 우리는 어릿광대의 익살에서 희극의 가장 세련된 놀이로 이어지는 실을 잡고 나갈 것이다. 이 실을 따라가다 보면 종종 예기치 않은 옆길로도 샐 것이고, 가끔은 주변을 둘러보기 위해 멈추기도 할 것이다. 그리하여 결국, 그럴 수만 있다면, 이 실이 걸려 있는 꼭대기 지점까지 거슬러 올라갈 것이다. 아마도 거기에서 우리는 예술이 삶과 맺는 제반 관계를 알게 되리라. 왜냐하면 희극성이란 삶과 예술 사이에서 움직이는 것이기에.

3. 형태의 희극성

가장 간단한 것부터 시작해보자. 웃기는 얼굴이란 어떤 것인가? 우스꽝스러운 표정이란 무엇일까? 그리고 이때 웃기는 것과 추한 것을 구별하게 해주는 것은 무엇일까? 이렇게 질문을 제기해도 답은 막연할 수밖에 없다. 간단해 보이지만 상당히 미묘한 문제여서 정면으로 다룰 수가 없기 때문이다. 우선은 추함을 정의하고, 그런 다음 무엇이 덧붙여져서 희극적이 되는지를 찾아야 한다. 아름다움보다 추함을 분석하는 것이 더 쉬운 일은 아니다. 그런데 우리는 꽤 쓸모가 있을 하나의 장치를 써보려고 한다. 말하자면 문제를 심각하게 해서 더 강한 효과를 낳도록 하여 원인이 무엇인지 분명히 짚어보려는 것이다. 가령 추함을 과장해서 밀고 나가 기형에 이르게 한다. 그리하여 어떻게 기형적인 것에서 우스꽝스러운 것으로 넘어가는지를 알아보려는 것이다.

일부 기형적 형태들이 경우에 따라 웃음을 유발하는 슬픈 역할을 맡고 있다는 것은 다 아는 사실이다. 이 점에 대해서는 세부적으로 논할 필요가 없으리라. 여러 가지 기형을 검토해보라. 그리하여 그들을 두 부류로, 즉 한편에는 태생적으로 웃기는 기형, 다른 한편에는 웃기는 것과는 거리가 먼 기형으로 나누어보자. 그러면 다음과 같은 법칙을 도출해낼 수 있을 것이다. 즉, **정상적인 신체를 지닌 사람이 흉내 낼 수 있는 기형이라면, 무엇이든 희극적일 수 있다.**

그렇다면 곱사등이는 자세가 바르지 못한 사람처럼 보이지 않을까? 그의 굽은 등은 나쁜 버릇이 몸에 밴 것처럼 보인다. 신체의 고질적 자세, 말하자면 **경직성으로 인해** 몸에 밴 습관을 고수하고 있는 듯하다. 오로지 눈으로만 보려고 노력해보자. 아무 생각도 하지 말고 특히 이치를 따지지 말자. 학식 따위는 치워버리고 오로지 즉석에서 보이는 대로, 있는 그대로의 인상을 찾으려고 해보라. 그러면 다음과 같이 보게 될 것이다. 즉 정해진 어떤 자세로 굳어지길 원했던, 말하자면 몸을 구기려고 했던 사람이 눈앞에 있게 된다.

이제 우리가 밝히고자 하는 문제로 다시 돌아가보자. 우스꽝스러운 기형의 정도를 조금만 줄이면 희극적인 추함을 알아볼 수 있을 것이다. 얼굴 표정은 원래 시시각각 바뀐다. 이와 달리 우스꽝스러운 얼굴은 굳어져서 딱딱하게 응고된 듯한 표정을 띤다. 안면 일부의 이상한 움직임, 깊게 파인 찡그린 표정과 같은 것들이다. 그렇다면 얼굴에 나타나는 습관적인 표정이면 그 어떤 것이든, 그것이 설사 우아하고 아름답다고 해도, 영원히 몸에 밴 버릇처럼 보인다고 할 수 있을까? 여기에 구분해야 할 주요 사항이 있다. 우리가 아주 뛰어난 미모나 추한 용모에 대해서 이야기할 때나 특이한 표정의 얼굴에 대해서 말할 때, 어느 정도 표정이 정해져 있다고 생각하는 것은 확실하다. 그러나 얼굴 표정이 끊임없이 바뀌리라는 것을 우리는 미루어 짐작한다. 변하지 않는 것처럼 보이는 가운데서도 한결같은 얼굴 표정에는 불분명함이 깃들어 있다. 미묘하게 다른 갖가지 정서가 뒤섞여서 뭐라 규정하기 어려운 표정으로 나타나는 것이다. 이것은 마치 어느 봄날의 안개 낀 아침에 한낮의 더운 열기에 대한 예감이 감도는 것과 같은 것이다.

이와 달리, 희극적인 얼굴 표정은 현재의 표정 이외의 다른 표정은 상상하기 어렵다. 그것은 확고한 단 하나의 표정이다. 한 개인의 정신적 삶 전체가 이 표정 속에 함축되어 있다. 그러므로 단순하고 기계적인 행동을 더 잘 떠오르게 할수록 얼굴은 더 희극적이 된다. 그 단순한 행동에 인격 전체가 온통 몰입해 있는 것이다. 계속해서 울기만 할 것 같은 표정이 있는가 하면, 웃거나 휘파람을 부는 듯한 표정도 있고 상상의 나팔을 영원히 불고 있을 것 같은 얼굴도 있다. 이러한 것들이 진짜 희극적인 얼굴들이다. 여기에서 우리는, 원인이 쉽게 설명될수록 희극성의 효과는 더 커진다는 법칙을 다시 한번 확인하게 된다. 기계적 동작, 경직성, 몸에 배어 고착된 습관, 이런 특징을 띤 표정을 보면서 우리는 웃게 되는 것이다. 그러나 희극성은 우리가 이러한 특질들을 좀더 깊은 원인, 다시 말해 **완전한 방심 상태**에 결부시킬 수 있을 때 더욱 강렬해진다. 마치 단순한 어떤 행동의 고착화에 온 영혼이 사로잡혀 있는 것처럼 말이다.

이제 '캐리커처caricature'가 왜 웃기는지를 이해할 수 있을 것이다. 사람의 얼굴은 아무리 반듯하게 생겨도, 그리고 윤곽이 아무리 아름다워 보여도, 또한 아무리 유연하게 움직이더라도 완벽한 균형을 이룰 수는 없다. 파인 주름의 표시, 아직은 희미하지만 곧 굳어질 것 같은 찡그린 표정 등 잦은 반복에 따른 변형déformation을 항상 포착해낼 수 있다. 원래의 모습이 뒤틀린 것이다. 캐리커처 화가의 기술은 포착하기 어려울 수도 있는 이러한 움직임을 파악해 확대함으로써 모든 사람의 눈에 보이게 해주는 것이다. 인물들이 얼굴을 최대한으로 찡그릴 때의 표정을 그린다. 화가는 표면적으로 조화롭게 보이는 형태 뒤에 숨겨진 물질의 깊은 반항을 찾아내는 것이다. 그리하여 태생적으로 미미하게 존재했으나 더 유리한 상황에 억눌려 형상화될 수 없었던 여러 형태의 부조화와 기형들을 구체화시켜 보여준다. 캐리커처 화가의 기교는 악마적인 데가 있어, 천사가 쓰러뜨렸던 사탄을 일으켜 세운다. 확실히 그것은 과장적 기법이긴 하나, 목적이 과장이라고 보는 것은 올바른 해석이 아니다. 왜냐하면 초상화보다도 더 실물과 흡사한 캐리커처가 있는가

하면 과장이 거의 눈에 띄지 않는 캐리커처도 있고, 거꾸로 아무리 과장을 해도 캐리커처의 진정한 효과를 얻지 못하는 수도 있기 때문이다. 희극적이 되기 위해서는 과장이 의도적인 목적으로 보여서는 안 된다. 화가는 과장을 단순히 수단으로 삼아 본성 속에 숨어 있는 뒤틀림을 우리에게 선명하게 보이도록 해야 한다. 바로 이 뒤틀림이 중요하고 흥미로운 부분이다. 그러므로 얼굴에서 움직일 수 없는 곳, 즉 코의 구부러진 부분이나 귀의 생김새에서도 뒤틀린 것이 없나 찾게 된다. 우리의 눈은 형체가 움직인다고 상상하기 때문이다. 캐리커처 화가가 어떤 사람의 코를, 모양은 그대로 두면서 크기만 다르게 그릴 경우, 예컨대 원래 코가 향하고 있는 그 방향으로 코를 좀더 늘어뜨린다면, 그것은 코를 완전히 변형시키는 것이다. 그런데 이때 우리에게는 원래의 코가 길어지고 싶어서 변한 것으로 보인다. 또한 타고난 모습이 캐리커처 화가의 성공적 작품과 일치하는 경우도 종종 있다. 입이 찢어지고 턱은 좁으며 뺨은 부풀어 오르다 보니 얼굴이 완전히 찌그러져 보인다. 이때 얼굴이 좀더 멀쩡하게 보이도록 조절하고 감시하는 기능은 살짝 따돌려진 상태다. 이런 경우에, 말하자면 얼굴 자체로 충분히 캐리커처가 되는 경우 우리는 그 얼굴을 보고 웃는다.

요약해보면 우리의 이성이 어떤 원리를 따르든 간에 우리의 상상력은 확고한 철학을 지닌다. 영혼이 심혈을 기울여 물질을 다듬은 결과물이 인간의 외관이라고 상상하는 것이다. 한정없이 부드럽고 끊임없이 움직이는 영혼은 대지가 끌어당기는 힘으로부터도 자유롭다. 이렇듯 영혼은 가볍게 날아다니면서 자신이 생명력을 불어넣은 육체에 무엇인가를 전해준다. 이렇게 물질 속으로 불어넣어진 비물질성을 우리는 우아함이라고 부른다. 그런데 물질은 살아남아서 끝내 고집을 부리고, 늘 활발하게 작동하는 비물질성의 우월한 본질을 자기 쪽으로 끌어당긴다. 그리하여 물질 자신처럼 비활성 상태가 되게 하여 자동화시키는 변질을 시도한다. 또한 물질은 상황에 적절히 맞추어 육체가 수행하는 다양한 동작을 우둔하게 몸에 밴 습관으로 고착시키려고 한다. 끊임없이 변해야 할 얼굴 표정은 늘 똑같이 찡그리고 있는 얼굴로 응고된다. 결국에는 한 사람 전신에 하나의 태도가 각인된다. 그 태도는 생명이 약동하는 이상적인 상태와의 접촉을 통해 부단히 새로워지지 않고, 기계처럼 작동하는 물질성의 원리를 따르는 듯이 보인다. 물질이 이런 식으로 살아 숨 쉬는 생명체를 두껍게 둔화시키고 굳어지게 해버려서, 결국 그 우아함을 망쳐놓으면, 몸은 희극적 효과를 얻게 된다. 따라서 희극성의 본질과 대립되는 개념은 아름다움보다는 우아함이다. 희극적인 것은 추함에서 비롯된다기보다 뻣뻣함에서 생겨나기 때문이다.

4. 움직임의 희극성

　이제 **형태**의 희극성으로부터 **몸짓**이나 움직임의 희극성으로 넘어가보자. 우선 이러한 종류의 희극성을 지배할 법한 법칙에 대해 언급하자면, 방금 했던 고찰들로부터 어렵지 않게 추론해낼 수 있을 것이다.

　인간 몸의 태도나 몸짓, 움직임들은 단순한 기계장치를 연상시키는 정도에 정비례해서 우스꽝스러워진다.

　우리는 이 법칙을 직접적인 사례를 들어가면서 상세하게 설명하지는 않을 것이다. 그 예는 무궁무진하게 많다. 그것을 직접적으로 입증하기 위해서는 코믹 만화가의 작품을 주의 깊게 검토해보는 것으로 충분하다. 다만 이때 우리가 각별히 살펴본 바 있는 풍자적 측면은 제외시키고, 또한 그 그림 자체에 내재하지 않는 희극성은 무시하고 보아야 한다. 왜냐하면 그림의 희극성은 다른 것으로부터 차용된 희극성일 때가 많기 때문이다. 대체로 그림에 딸린 문구가 지대한 역할을 하는데, 거기에 속아서는 안 된다. 말하자면 만화가인 동시에 풍자 작가나 통속 희극 작가이기도 해서, 우리가 만화를 보고 웃을 때는 그림 자체에 대해서 웃는 경우보다 그림에 나타난 풍자나 희극 장면 때문에 웃는 경우가 더 빈번하다고 할 수 있다. 그러나 우리가 그림만을 생각한다는 확고한 의지를 가지고 몰두해서 본다면, 사람을 마치 움직이는 꼭두각시처럼 명확하면서도 신중하게 잘 그렸을 경우 통상 희극적이라고 여기게 된다. 사람을 꼭두각시처럼 보이게 하려면 암시가 분명해야 한다. 그리하여 인간의 내면을 분해 가능한 기계장치의 투명성처럼 명확히 보여주어야 한다. 그러나 또한 그 암시는 은밀해야 한다. 아무리 신체의 모든 부위가 기계 부품처럼 굳어 있다고 해도, 인물은 우리에게 여전히 살아 있는 사람으로 보여야 한다. 이 두 이미지, 즉 사람의 이미지와 기계장치의 이미지가 좀더 완전하게 하나로 어우러질수록, 희극적 효과는 더욱 커지고 화가의 기교는 더 뛰어나다. 코믹 만화가의 독창성은 단순한 꼭두각시에 독특한 모양의 생명을 불어넣어주는 데 있다고 할 수 있으리라.

그러나 이러한 원칙의 직접적 사례들은 잠시 제쳐두자. 그보다는 간접적인 결과들에 주목해보고자 한다. 가령 무수한 희극적 효과를 보면 사람의 내면이 기계적으로 작동하는 경우를 많이 볼 수 있다. 그런데 대부분의 경우 그것을 감지하기란 쉬운 일이 아니다. 웃음을 불러일으키고는 순식간에 사라져버리기 때문이다. 그 광경을 확실하게 보려면 분석과

성찰의 노력이 있어야 한다.

예컨대 말을 하면서 쉴 새 없이 몸을 움직이는 웅변가가 있다고 하자. 말에 질세라 몸짓이 생각을 뽐내고, 또한 대변자의 역할을 하길 원한다. 거기까지는 좋다. 생각이 펼쳐짐에 따라 몸짓은 생각의 아주 세세한 부분까지 표현해야 한다. 연설의 처음부터 끝까지 생각은 성장하면서 싹이 트고 꽃이 피며 무르익어간다. 결코 멈추거나 반복하지 않으며 매 순간 변해야 한다. 만에 하나 변하기를 그만둔다면, 이미 살아 있는 것이 아니다. 따라서 몸짓도 생각처럼 살아 있어야 한다! 그 역시 결코 반복하지 않는다는 삶의 근본 법칙을 당연히 따라야 한다! 그러나 팔이나 머리는 늘 똑같이, 주기적으로 반복하면서 움직일 뿐이다. 만일 내가 그것을 알아채고 흥미를 느낀 나머지, 혹시나 하고 기다리던 중 똑같은 몸짓을 보게 되면 나도 모르게 웃게 될 것이다. 그건 왜일까? 지금 이 순간 내 앞에서 자동적으로 작동하는 하나의 기계장치를 대했기 때문이다. 그것은 더 이상 살아 있는 것이 아니다. 생명 안에 둥지를 틀고 살아 있는 척하는 자동작용에 불과하다. 이것이 바로 희극적인 것이다.

전혀 웃기지 않는 몸짓도 다른 사람이 흉내 내면 우스꽝스러워지는 이유도 바로 여기에 있다. 이렇게 간단한 사실을 지금까지 사람들은 꽤나 복잡하게 설명해왔지만, 조금만 생각해보면 다음과 같은 사실을 금방 알 수 있을 것이다.

즉 우리의 영혼 상태는 시시각각 바뀌고 이 변화를 우리의 몸짓이 충실하게 따른다면, 그리하여 우리가 살아 있듯 몸짓 또한 살아 있다면, 결코 반복해서 같은 몸짓을 하지 않으리라는 사실이다. 그렇게 되면 인간의 몸짓은 결코 흉내 낼수 없을 것이다. 그러므로 우리가 흉내의 대상이 된다면, 그순간 우리는 더 이상 우리 자신이 아니다. 말하자면 사람들은 우리의 몸짓 중에서 기계처럼 똑같은 부분만을, 그리하여 우리의 생기 넘치는 개성과는 하등 관련이 없는 부분만을 모방할 수 있다. 어떤 사람을 흉내 낸다는 것은, 바로 그 사람의 인격 속에 스며들어 있는 자동기계적 부분을 드러내는 것이다. 이것 때문에 인물은 우스꽝스러워지고, 그러한 모방을 보며 우리는 당연히 웃게 된다.

　　그러나 몸짓의 흉내는 그 자체로 이미 웃기지만, 그 모양을 바꾸지 않으면서도 어떤 기계적 동작에 적용시키면 더 재미있을 것이다. 예컨대 톱으로 나무를 켠다거나 작업대를 내려치거나 혹은 상상의 종을 울리는 끈을 끈기 있게 잡아당기는 일 등이다. 이것은 저속함이 희극성의 본질이어서는 아니다(물론 어느 정도 관계는 확실히 있다). 그보다는 필요할 때면 기계적으로 움직인다는 듯이 단순 작동되는 몸짓은 확실히 기계처럼 보이기 때문이다. 이와 같이 기계처럼 보이게 하는 것은 패러디[11]에서 자주 애용되는 방법들 중 하나다. 우리가 조금 전에 **선험적으로** 추론해낸 이 사실을, 광대들은 오랜 옛날부터 직관적으로 알고 있었던 것이다.

이렇게 해서 파스칼이 『팡세*Pensées*』의 한 구절에서 제기한 작은 의문은 풀린다. "서로 닮은 두 얼굴이 특별히 웃음을 불러일으킬 만한 요인은 없는데도 함께 있으면 그 유사함으로 인해 우리를 웃게 한다."[12] 마찬가지로 다음과 같이 말할 수도 있을 것이다. "연설가의 몸짓은, 그 자체로는 그다지 우스꽝스럽지 않아도 반복이 되면 웃음을 자아낸다." 그 이유는, 살아 있는 생명은 결코 반복하는 법이 없기 때문이다. 반복이 있고 완벽한 유사함이 있으면, 우리는 살아 있는 것 뒤에 기계적인 것이 작동하고 있다고 생각하게 된다. 너무나도 닮은 두 얼굴에 대한 인상을 분석해보라. 그러면 아마도 똑같은 틀에서 얻어낸 두 개의 견본, 혹은 같은 도장 자국, 또는 같은 원판에서 인화된 두 장의 사진, 결국 산업 제작 방식을 연상하게 됨을 깨닫게 되리라. 생명이 기계적인 것으로 방향 전환하는 것, 여기에 바로 웃음의 진정한 원인이 있는 것이다.

이제 파스칼이 든 예처럼 무대에 단 두 명만 나타나는

---

11 진지한 작품을 우스꽝스럽게 개작한 것.
12 라퓌마 판Édition Lafuma의 13번, 브룅슈빅 판Édition Brunschvicg의 133번에 있는 글로 인간의 허영심을 분석했다.

것이 아니라 여러 사람이, 그것도 모두 똑같이 닮은 다수의 사람이 등장한다고 해보자. 게다가 그들이 춤을 추고 함께 소란을 피운다면, 동시에 똑같은 태도로 똑같은 몸짓을 보여준다면, 웃음은 훨씬 더 커질 것이다. 이런 경우 우리는 인형극이 펼쳐지는 듯한 느낌을 강렬하게 받는다. 보이지 않는 줄이 팔과 팔, 다리와 다리, 얼굴의 해당 근육끼리 연결하고 있는 듯이 보인다. 워낙 똑같아 보여서, 동작이 부드럽다고 해도 우리 눈에는 딱딱하게 응고된 것처럼 보이고, 모든 것이 기계장치로 굳어진 것 같다. 바로 이러한 것이 약간은 조잡한 공연의 기교다. 공연을 연출하는 사람들은 파스칼을 읽지 않았겠지만, 그들이 한 일은 틀림없이 파스칼의 글에서 암시된 생각을 끝까지 밀고 나간 것일 뿐이다. 무한 반복되는 듯이 보이는 공연에서 기계장치 효과를 보고 우리가 웃음을 터뜨린다면, 미묘하긴 하지만 파스칼이 제시한 예에서도 같은 효과 때문에 웃는 것이다.

이제 이러한 방향을 계속 따라가다 보면, 우리가 방금 세운 법칙으로부터 제법 멀리 있긴 하나 더 중요한 결과들이 어렴풋이 보일 것이다. 이렇게 해서 우리는 기계장치 효과가 거의 드러나지 않는 장면들도 간파할 수 있다. 그 장면은 더 이상 단순한 몸짓이 아니라 복잡한 행동이 낳는 장면이다. 또한 우리는 희극에서 통상적으로 사용되는 기교들, 즉 한 단어나 장면의 주기적 반복, 역할의 맞바꾸기, 놀랍도록 아귀가 맞게 전개되는 착각quiproquo[13] 장면 등, 많은 기법들이 그 희극적 효과를 동일한 원천에서 길어 올린다는 것을 알 수 있다. 통속 희극 작가의 기교 역시, 그럴듯하게 인간사의 부드러움을 보여주지만, 사실은 기계적으로 작동하는 것을 제시하는 데 있다. 그러나 분석이 진전되어 논리 정연하게 도출될 결론들에 대해 미리 이야기하지는 말자.

13 quiproquo는 라틴어 *quid pro quo*에서 온 말로 '무엇 대신에 어떤 것'이라는 뜻이다. 다른 사람 혹은 다른 상황으로 잘못 이해하는 데서 일어나는 해프닝은 희극에서 자주 볼 수 있다.

5. 희극성의 확산력

더 나아가기 전에 잠시 숨을 돌리면서 주위를 한번 둘러보자. 우리가 앞서 암시했던 대로, 모든 희극적 효과들이 단 하나의 공식에서 나온다고 생각하는 것은 허황된 생각이다. 물론 어떤 의미에서 공식이 존재하기는 하지만, 그것이 한결같이 적용되지는 않는다. 몇몇 주된 희극적 효과만이 공식으로부터 추론될 수 있다. 그리고 표본이 되는 이 주된 효과들 주변에 이와 유사한 새로운 것들이 둘러싸면서 원을 이룬다. 이들은 공식으로부터 도출되는 것이 아니고, 공식에서 나오는 효과와의 유사성으로 인해 희극적이 되는 것이다. 다시 한번 파스칼을 인용해보자. 우리는 여기서 희극적 효과가 어떻게 우리 머리에 떠오르는지를 파스칼이 **룰렛 궤적** roulette이라는 이름으로 연구했던 곡선을 가지고 정의해보려고 한다. 이 곡선이란 자동차가 똑바로 나아갈 때 바퀴 둘레에 있는 한 점이 그리는 궤적이다. 이 점은 바퀴와 같이 회전하면서 동시에 자동차처럼 앞으로 나아간다. 또는 이따금 **사거리**가 나오는 숲의 큰길을 생각해봐도 좋을 것이다.

사거리가 나올 때마다 우리는 주위의 여러 길을 돌면서 구경을 하고, 결국 본래의 자리로 되돌아올 것이다. 우리는 지금 이러한 사거리 중 하나에 있다. **생명적인 것에 덧붙여진 기계적인 것**Du mécanique plaqué sur du vivant, 이것이 우리가 멈춰 서야 할 사거리이며 중심 이미지로서, 거기에서부터 상상력이 여러 방향으로 펼쳐지는 것이다. 이 여러 방향이란 어떤 것일까? 우리는 세 가지 중요한 방향을 본다. 세 방향을 하나하나 따라가본 뒤, 다시 우리의 길을 똑바로 가기로 하자.

1. 우선, 생명적인 것에 끼워 넣어진 기계적인 것에 대한 인식은, 움직이는 생명에 붙어 있는 **온갖 종류의 딱딱함**이라는 좀더 막연한 이미지를 보게 한다. 어설프게나마 생명의 선을 따르고 유연성을 흉내 내지만 딱딱하게 굳은 부분이 있는 것이다. 가령 한 벌의 옷이 얼마나 쉽게 웃길 수 있는지를 상상할 수 있다. 어떻게 보면 모든 의상은 다 우스운 것이리라. 다만 현재 유행하는 의상은 우리에게 너무도 익숙해서 옷을 입은 사람과 옷이 한 몸을 이루는 것처럼 보일 뿐이다. 우리의 상상력이 옷과 몸을 분리하지 않기 때문에, 움직이지 않는 딱딱한 옷과 옷이 감싸고 있는 활기 넘치고 유연한 몸을 대비시키려는 생각이 떠오르지 않는 것이다. 그러므로 이 경우 희극성은 잠복 상태에 머물러 있는 셈

이다. 그런데 감싸는 것과 감싸지는 몸이 근본적으로 너무 안 맞아서, 아무리 오랫동안 걸치고 있어도 도무지 어울리지 않는 경우에 희극성이 드러나게 된다. 예를 들면 높은 모자의 경우가 그렇다. 옛날 스타일의 옷을 입은 괴짜가 한 명 있다고 가정할 때, 그를 보자마자 우리는 그 옷에 온 관심을 기울일 것이다. 그리고 옷과 사람을 완전히 분리하고는 이렇게 말한다. "저 작자는 옷으로 **자신의 정체를 숨기고 있구면.**" 마치 옷에 감추는 속성이 본래 없기라도 하다는 듯 말한다. 이 경우 의상에 숨어 있던 우스꽝스러운 측면이 환하게 드러나게 되는 것이다.

이제 여기서 희극성의 문제가 제기하는 대단히 난해한 세부적인 몇몇 문제가 드러난다. 웃음에 관해 잘못된 혹은 불충분한 이론들이 무수히 생길 수밖에 없었던 이런저런 이유 중 하나는, 이론상으로는 희극적이지만 실제로는 그렇지 않은 경우가 많기 때문이다. 그것은 관습적으로 계속 사용하다 보니 원래 있던 희극적 효력이 약해진 탓이다. 희극적 효력이 되살아나기 위한 해결 방법은 유행과의 돌연한 단절이다. 그때 사람들은 이러한 단절이 희극성을 낳는다고 생각하지만, 사실은 희극성을 돋보이게 해줄 뿐이다. 사람들은 **놀라움**과 **대조**와 같은 개념들로 웃음을 설명하려고 하지만, 조금도 웃기지 않는 무수히 많은 경우도 얼마든지 이 개념들로 설명되기도 한다. 진리는 그렇게 간단하지 않다.

이제 '가장假裝'의 개념을 살펴볼 차례다. 가장의 개념은, 우리가 검토했듯이, 웃음 창출 능력을 정식으로 위임받아 수행한다. 이 개념에서 어떻게 웃음이 나오는지를 들여다보는 작업은 꽤 유용할 것이다.

머리카락의 색깔이 갈색에서 금발로 바뀌면 왜 우리는 웃을까? 딸기코는 왜 우스꽝스러운가? 그리고 왜 사람들은 흑인[14]을 보고 웃는가? 난감한 질문이 아닐 수 없는데, 그것은 헤커나 크레펠린, 립스[15]와 같은 심리학자들이 각각 이 문제를 제기하고 제각기 다르게 대답하는 것만 보아도 알 수 있다. 그런데 나는 이 문제가 어느 날 길에서 만난 한 평범한 마부를 통해 풀리지 않았나 생각한다. 마부는 자신의 마차에 앉아 있는 흑인 승객을 '제대로 씻지 않은' 사람으로 취급했다. 제대로 씻지 않았다니! 그러고 보면 검은색 얼굴이란 우리의 상상력으로서는 잉크나 땀으로 더럽혀진 얼굴일 뿐이다. 그렇다면 딸기코도 붉게 칠을 한 코에 지나지 않는다. 따라서 이 경우에는 가장을 하지 않고도 가장을 한 것으로 여겨지는 경우에까지 가장의 희극적 효과가 생긴 것이다. 앞서 들었던 예의 경우, 평소에 늘 입는 복장은 아무리

---

14 베르그송은 희극성을 설명하기 위해 흑인을 예로 들고 있다. 20세기 초 서구 철학자의 인종주의적 편견이 엿보이는 대목이다.

15 Ewald Hecker, Emil Kraepelin, Theodor Lipps. 세 명 다 19세기 말의 독일 심리학자들이다.

그 옷을 입은 사람과 구별하려고 해도 소용없다. 눈에 이미 익어서 옷과 사람이 혼연일체를 이루는 것처럼 보이기 때문이다. 반면 검거나 붉은색은 아무리 본래 피부색이 그렇다고 해도 소용이 없다. 우리는 보자마자 깜짝 놀라게 되고, 당연히 인위적으로 칠해진 색깔이라고 여기게 된다.

이런 연유로, 희극성의 이론을 세우는 과정에서 일련의 새로운 어려움이 발생한다. '내가 평소에 입고 다니는 옷은 내 몸에 속하는 것이다'와 같은 명제는 이성적 견지에서 보면 터무니없는 것이다. 그럼에도 불구하고 상상력은 이것을 참된 것으로 간주한다. '딸기코는 색칠한 코다' '흑인은 가장을 한 백인이다'와 같은 말도 이치를 따지는 이성에게는 역시 불합리한 것이나, 소박한 상상력에게는 아주 확실한 진리다. 따라서 이성의 논리가 아닌, 때로는 이성의 논리에 대립되기까지 하는 상상력의 논리가 있는 것이며, 이 상상력의 논리를 가지고 철학은 희극성의 연구뿐만 아니라 같은 종류의 여타 연구도 해야 한다. 그것은 꿈의 논리와 같다. 여기에서의 꿈은 개개인의 기발한 환상에 따른 꿈이 아니라 사회 전체가 꾸는 꿈을 말한다. 이러한 상상력의 논리를 재구성하기 위해서는 각별한 노력이 필요하다. 그러한 노력을 통해 우리는 확고한 판단과 견고하게 구축된 관념으로 이루어진 두꺼운 껍질을 들어 올릴 수 있다. 그리고 그 외피 아래의 심층 부분에서 이미지들이 마치 지하수처럼 서로에게

침투하며 끊임없이 흐르고 있는 것을 보게 되리라. 이미지
들의 상호 침투는 아무렇게나 진행되지 않고 여러 법칙, 정
확히 말해 습관을 통해 이루어진다. 이미지가 상상력과 맺
는 관계는 논리가 사고와 맺는 관계와 유사하다.

이러한 상상력의 논리를 따라가면서 우리의 관심사인
특수한 경우를 보자. 가장을 하는 사람은 희극적이다. 가장
한 걸로 보이는 사람도 역시 희극적이다. 확대해서 보면 모
든 가장은, 단지 인간의 가장뿐만 아니라 사회의 가장, 심지
어 자연의 가장까지도 희극적이 될 것이다.

우선 자연에서부터 시작해보자. 우리는 반쯤만 털이 깎
인 개나 색칠한 생화가 꽂혀 있는 정원, 선거 구호로 뒤덮인
나무들로 빽빽한 숲 등을 보면 웃는다. 그 이유는 뭘까? 역
시 가장이 떠오를 것이다. 그러나 이때의 희극성은 아주 약
하다. 원천으로부터 상당히 멀리 떨어져 있기 때문이다. 희
극성을 강화하고 싶다면 원천으로 거슬러 올라가야 한다.
그리하여 파생된 이미지, 즉 가장의 이미지를 원래 그대로
의 이미지로, 즉 생명이 기계인 듯 위장하는 이미지로 환원
시키기만 하면 된다. 기계처럼 다뤄지는 자연은 확실히 희
극적인 모티프이다. 상상력을 통해 이 모티프는 온갖 변형
된 형태를 띨 수 있고, 십중팔구 어김없이 폭소를 터뜨릴 수
있다. 「알프스의 타르타랭Tartarin sur les Alpes」[16]에 나오는 재
미있는 부분을 떠올려보자. 봉파르는 타르타랭에게(따라서

독자에게도 어느 정도) 마치 스위스가 오페라 극장의 무대 밑 장치처럼 꾸며져 있으며 폭포, 빙하, 가짜 크레바스[17]를 보존, 유지하는 회사가 운영하는 곳이라고 생각하게끔 한다. 똑같은 모티프가, 전혀 다른 어조로 바뀌긴 하지만, 영국의 유머 작가인 제롬[18]의 『참신한 이야기Novel Notes』에서도 나타난다. 한 늙은 성주 부인은 너무 골머리를 썩지 않으면서 그럴듯한 일을 한다는 걸 보여주고 싶었다. 그래서 멀쩡한 사람들을 무신론자나 술주정뱅이로 가장시켜 자신의 성 주변에 머물게 하면서 신앙을 갖게 하거나 술버릇을 고쳐주는 척했다. 이러한 모티프를 재미있는 말로 만든 이야기가 또 있다. 이 말에는 진짜인지, 꾸며낸 것인지 알기 어려운 순진함이 막연하게 섞여 있다. 천문학자 카시니[19]로부터 월식을 관찰하러 오라고 초대받은 한 부인이 늦게 도착

16 알퐁스 도데의 가장 유명한 작품인 「타라스콩의 타르타랭이 겪은 놀라운 모험Les aventures prodigieuses de Tartarin de Tarascon」(1872)의 후편으로 1885년에 쓰인 작품. 이 두 작품은 1890년에 출판된 「타라스콩 항구Port-Tarascon」와 함께 3부작을 이룬다.

17 빙하에 생긴 균열.

18 Jerome K. Jerome(1859~1927). 영국의 소설가, 연극배우, 기자. 그의 작품에 나타나는 유머는 찰스 디킨스를 연상하게 하지만 쓴맛이 제거된 유머다.

19 Jean-Dominique Cassini(1625~1712). 이탈리아 출신의 프랑스 천문학자다.

하고서는, "카시니 씨, 저를 위해 다시 한번 시작해주세요"라고 말한다. 또는 공디네[20]의 작품에 나오는 한 등장인물은, 마을에 도착해서 근처에 사화산이 있음을 알고 이렇게 외친다. "화산이 있었는데 꺼져가게 내버려 두다니!"

사회의 경우로 옮아가보자. 사회 속에서 사회에 의존하여 살아가는 우리로서는, 사회를 하나의 살아 있는 존재로 간주하지 않을 수 없다. 따라서 사회가 가장하고 있다는 생각, 말하자면 가장행렬을 펼친다는 생각을 암시하는 이미지는 우스꽝스러운 것이다. 살아 움직이는 사회의 표면에서 생기 없이 판에 박힌 듯한 것, 이미 다 만들어진 기성품과 같은 형태를 보면 우스운 생각이 떠오르게 된다. 여기서도 경직된 것이 생명 본연의 내적 유연성과 부합되지 않는 것이다. 따라서 엄숙한 사회생활에는 희극성이 잠재하고 있다가 때가 되면 확연하게 모습을 드러낸다. '의식儀式'이 사회라는 신체와 유지하는 관계는 옷이 우리의 몸과 맺는 관계와 유사하다. 의식은 중요한 일을 위해 실행되면서 그 일과 동일시되기 때문에 근엄한 것으로 여겨진다. 그런데 의식에서 심각함을 빼버리기만 하면, 이 중요함은 사라져버린다. 우리가 다른 건 다 잊고 의식만 집중해서 바라보면 의식

---

20 Edmond Gondinet(1828~1888). 프랑스의 통속 희극 작가. 베르그송이 인용하는 이야기는 그의 작품 「화산Le Volcan」(1882)에 나오는 장면이다.

은 바로 희극적이 된다. 철학자들이 말했듯이 질료를 무시하고 형상形相만 생각한 결과다. 이 점에 대해 길게 이야기할 필요는 없을 것이다. 간단한 시상식에서부터 재판 과정에 이르기까지 규정된 형식이 있는 사회적 행위들이 얼마나 쉽게 희극적 감흥을 불러일으키는지 누구나 다 알고 있을 것이다. 형식과 공식이 있는 만큼 짜인 틀이 있게 마련이고, 희극성은 그 틀 안에 자리 잡고 있다.

여기서 좀더 희극성을 밀어붙여보자. 그러기 위해서는 희극성을 그 원천에 근접시켜야 한다. 즉 가장이라는 파생된 개념으로부터, 생명에 덧붙여진 기계장치라는 본래적인 개념으로 거슬러 올라가야 한다. 모든 의식에 있는 딱딱하고 틀에 박힌 형식을 보면, 이미 이러한 종류의 이미지를 추정할 수는 있다. 그러다가 성대한 의식이나 격식과 연관된 중대사를 우리가 망각하기라도 하면, 의식에 참여하는 사람들이 우리 눈에 꼭두각시가 움직이는 것처럼 보이게 된다. 그들의 움직임은 이미 정해진 격식의 부동성에 따른 것이다. 즉 그것은 기계적 동작이 된다. 그런데 완전한 기계적 동작이란, 예를 들면 단순한 기계처럼 일하는 공무원의 움직임과 같은 것이다. 또는 마치 자연법칙인 양 가차 없이 엄정하게 적용되는 무자비한 행정 규칙과 같은 것이다. 몇 해 전 디에프 근해에서 대형 여객선이 난파당한 적이 있었는데, 일부 승객만이 구명보트로 간신히 구조되었다. 그런데 그들을 구조하기 위해 용감하게 뛰어들었던 세관원들이 던진 첫 질문이 "혹시 뭐 신고하실 것 없으세요?"였다. 이와 유사한 예로 좀더 교묘한 것이 있다. 열차에서 범죄 사건이 일어난 다음 날, 한 국회의원이 장관에게 말한다. "살인자는 피해자를 죽인 다음 플랫폼의 반대쪽으로 뛰어내렸는데, 명백한 교통 법규 위반입니다."

자연 속에 끼워 넣어진 기계장치, 자동적으로 실행되는 사회 규정, 이것이 결국 우리가 도출한, 희극적 효과를 낳는 두 가지 유형이다. 결론을 위해서는 그 둘을 결합해보고 어떤 결과가 나오는지를 고찰하는 일만이 남아 있다.

인간이 자연의 법칙을 대체하는 규정을 만든다. 이것이 결합의 확실한 결과다. 제롱트가 심장은 왼쪽에 있고, 간은 오른쪽에 있다는 것을 스가나렐에게 깨닫게 하려고 했을 때 스가나렐이 한 대답을 떠올려보자.[21] "예, 예전에는 물론 그랬지요. 그러나 우리는 이 모든 것을 바꾸어버렸답니다. 이젠 완전히 새로운 방법으로 의술을 행하고 있지요." 또한 푸르소냑[22]씨를 진단했던 두 의사의 진찰 장면을 떠올려보자. "선생님의 말씀은 너무도 박식하고 뛰어나서 우울증 환자

21 제롱트와 스가나렐은 몰리에르의 발레 희극 「억지 의사」에 나오는 인물들.
22 몰리에르의 희극 「푸르소냑 씨Monsieur de Pourceaugnac」(1669)에 등장하는 인물.

가 아닐 리 만무합니다. 만일 지금이 아니라면 조만간 우울증 환자가 되어야 합니다. 추론이 워낙 탁월했고 진단 역시 정확했으니까요." 비슷한 예는 얼마든지 들 수 있다. 몰리에르[23]의 희극에 등장하는 모든 의사[24]를 한 사람 한 사람씩 떠올리기만 하면 된다. 그런데 몰리에르 연극에서의 희극적인 기발함이 아무리 뛰어나다고 해도 때로는 그보다 더 심한 일이 현실에서 일어나기도 한다. 지나치게 논쟁을 좋아하는 현대의 한 철학자는, 그의 추론이 나무랄 데 없으나 경험과는 부합하지 않는다는 지적을 받자 한칼에 토론을 끝내버렸다. "그렇다면 경험이 틀린 것입니다." 이런 말은, 마치 행정 처리하듯 삶을 대하는 태도가 생각보다 훨씬 널리 퍼져 있기에 가능하다. 방금 우리는 재구성의 과정을 통해 그런 예를 들었지만, 나름 관행처럼 자연스럽다. 그런 태도는 현학적 태도의 극치를 보여준다고 할 수 있다. 왜냐하면 현학적 태도는 사실상 자연보다 더 우월해 보이고 싶어 하는 기교와 다르지 않기 때문이다.

요컨대 우리 몸이 인위적으로 **기계화**된다는 개념에서 출발하여, 소위 자연적인 것을 대체하는 인공적인 것이라

---

23 23쪽의 주4 참조.

24 몰리에르의 희극에는 많은 의사가 등장한다. 그들은 주로 권위, 직업적 경직성에 사로잡혀서 환자를 마치 자신들의 직업을 위해 존재하는 것으로 착각하는 인물들이다.

는 개념에 이르기까지, 동일한 효과가 점점 미묘한 형태를 띠고 나타난다. 이 논리는 갈수록 느슨해져 꿈의 논리와 더 비슷해진다. 그리하여 좀더 고차원적인 영역으로 확장되면서, 점점 더 비물질적인 단계들 사이로 옮겨간다. 결국 기성복이 살아 움직이는 몸과 하나가 되듯 행정 법규가 자연법칙이나 도덕규범이 되어버리는 것이다. 우리가 가려고 했던 세 방향 중에서 지금 우리는 첫번째 길의 끝까지 왔다. 이제 두번째 길로 가보자. 그 길이 우리를 어디로 인도하는지 살펴보자.

2. 생명적인 것에 덧붙여진 기계적인 것, 이것이 바로 우리의 출발점이었다. 이 경우 희극성은 어디에서 유래했던가? 그것은 살아 있는 신체가 기계처럼 경직된다는 사실에서였다. 즉 우리는 살아 움직이는 신체란 완벽하게 유연해야 한다고 생각하는 것 같다. 원리가 늘 작동하며 부단히 활동하는 것이다. 그런데 이 활동은 사실 신체보다는 영혼과 관련된 것이고, 생명의 불꽃 그 자체다. 이는 좀더 상위의 원리에 따라 우리 안에서 점화되어 투명하게 몸을 통해서 보이는 것이다. 살아 움직이는 인간의 몸에서 우아함과 유연성만을 본다면, 그것은 몸 안에 있는 무겁고 단단한 것, 한마디로 물질적인 것을 무시하고 본 까닭이다. 이때 우리는 몸의 물질성을 잊어버리고, 오로지 몸이 지닌 활력만을

생각한다. 상상력 덕분에 우리는 이 활력이 지적이고 정신적인 삶의 원리에 따른 것이라고 여긴다. 그런데 누군가가 몸의 물질성에 우리의 관심이 쏠리도록 한다고 가정해보자. 다시 말해 몸에 활력을 주는 삶의 원리의 가벼움 없이, 우리 몸이 무겁고 거추장스러운 껍데기에 지나지 않으며, 지상을 떠나고 싶어 하는 영혼을 땅에 붙들어두는 성가신 짐처럼 보이는 경우를 가정해보자. 이때 몸과 영혼의 관계는, 조금 전에 얘기했던 옷과 몸의 관계, 즉 스스로 움직일 수 없는 물질이 활력 넘치는 생명 위에 놓인 양상과 같다. 이렇게 겹쳐진 상태가 확실하게 인지되는 순간, 우리는 희극성을 느끼게 된다. 특히 신체적인 욕구로 **고통받는** 영혼을 보면 희극적이라고 생각한다. 한쪽에는 상황에 맞게 다양한 활력을 보여주는 정신이 있고, 다른 한쪽에는 아무 의미 없이 단조롭게 움직이면서 기계와 같이 끈질기게 끼어들고 훼방 놓는 육체가 있다. 이러한 육체의 욕구가 미미하고 계속 반복될수록 그 효과는 더 커진다. 그러나 그것은 단지 정도 문제이고, 이런 현상들은 다음과 같은 일반 공식으로 표현할 수 있을 것이다. **정신이 중요한 상황에서 육체로 관심이 쏠리는 상황은 무엇이나 다 희극적이다.**

연설 도중 가장 비장한 순간에 재채기를 하는 연설가를 보면 왜 사람들은 웃음을 터뜨리는가? 독일의 어느 철학자가 인용한 추도사 중 "그는 덕망이 높으며 무척 뚱뚱했습니다"와 같은 구절이 지니는 희극성은 어디에서 연유하는 것일까? 그것은 영혼에서 몸으로 우리의 주의가 갑자기 돌려지기 때문이다. 이러한 예는 일상생활에서 아주 흔하다. 그런 예들을 찾느라 진을 빼고 싶지 않다면, 라비슈[25]의 작품하나를 집어 펴보기만 하면 된다. 비슷한 예를 얼마든지 볼수 있을 것이다. 웅변가가 가장 중요한 대목에서 치통 때문에 연설을 그만두는가 하면, 신발이 너무 작거나 혁대가 꽉죄서 투덜대느라 늘 말을 중단하는 사람도 등장한다. 자신의 몸 때문에 난처해지는 사람, 위의 예들이 암시하는 이미지가 바로 이것이다. 지나치게 비대한 몸이 우리를 웃게 하는 것도 같은 종류의 이미지 때문이다. 마찬가지로 수줍음도 우스꽝스러워질 때가 간혹 있는데, 이 역시 그런 이미지탓이다. 수줍음이 많은 사람은 자신의 몸 때문에 쩔쩔매면서, 주변을 돌며 몸 둘 바를 모르는 사람으로 보일 수 있다.

그러므로 비극 작가는 주인공의 몸에 관객의 관심이 쏠리지 않게 하려고 신경을 쓴다. 몸을 떠올리게 하면 희극성이 배어 나올 위험성이 있기 때문이다. 이런 이유로 비극에 등장하는 주인공들은 뭘 마시지도, 먹지도, 몸을 따뜻하게

25 Eugène Labiche(1815~1888). 제2제정과 제3공화국 초기에 활동한 프랑스의 극작가로 보드빌을 완성의 단계로 끌어올렸다. 대표작으로는 「이탈리아 밀짚모자Un Chapeau de paille d'Italie」(1851), 「페리숑 씨의 여행Le Voyage de M. Perrichon」(1860) 등이 있다.

하지도 않는다. 가능하면 앉지도 않는다. 긴 독백을 하는 중에 앉는다는 것은 주인공이 몸뚱이가 있음을 상기시키는 것이리라. 이따금 인간 심리에 밝은 면모를 보여주던 나폴레옹은 어디에 앉는다는 행위만으로도 비극이 희극으로 바뀐다고 지적했다. 구르고[26] 남작의 『미발표 일기*Journal inédit*』[27]에 이 문제에 관한 나폴레옹의 말이 언급되었다.

(예나Jena 전투[28] 후에 프러시아 왕후를 알현했을 때의 일이다.) 그녀는 마치 시멘[29]처럼 비극적인 어조로 나를 맞이했다. "폐하, 정의를! 정의를요! 마그데부르크[30]를 어찌합니까!" 그녀가 계속 이런 말투로 말해서 난 몹시

---

26 Gaspard Gourgaud(1783~1852). 프랑스의 장군. 나폴레옹 1세의 전속 부관으로 유배지 세인트헬레나섬까지 따라갔다가 그 후 유럽으로 돌아와서 나폴레옹의 사면을 위해 분투하기도 했다.

27 구르고 남작이 나폴레옹과 함께 세인트헬레나섬에 있을 당시 1815년에서 1818년 사이에 이루어진 나폴레옹과의 면담을 기록한 내용으로, 1899년에 처음 발행되었다. 워털루 전투와 세인트헬레나섬에서의 나폴레옹의 억류 생활에 대한 사료적 가치가 높은 책으로 인정받는다.

28 1806년 10월 14일 프로이센 군과 싸워 나폴레옹이 대승을 거둔 전투. 이 승리로 인해 나폴레옹은 곧 베를린을 함락할 수 있었다.

29 17세기 프랑스의 대표적인 비극 작가 코르네유Pierre Corneille (1606~1684)의 「르 시드Le Cid」(1636)에 나오는 여주인공. 가문의 명예에 대한 의무와 애인 로드리그에 대한 사랑 사이에서 갈등하는 인물이다.

30 독일 중동부에 있는 도시로, 예나 전투 때 프랑스 군대가 점령했다.

도 난처했다. 결국 나는 그녀의 태도를 바꾸게 하려고 그녀에게 앉으라고 요청했다. 비극적인 장면을 중단시키기 위해서는 이보다 더 효과적인 방법은 없었을 것이다. 사람이 앉게 되면 비극은 희극으로 변하기 때문이다.

영혼을 제압하는 신체라는 의미를 확대해보자. 그러면 좀더 일반적인 다음과 같은 개념을 얻을 수 있을 것이다. **내용을 지배하려는 형식, 제멋대로 억지를 부리는 글.** 희극에서 어떤 직업이 웃음거리가 될 때 바로 이런 생각이 암시되는 건 아닐까? 희극에서 변호사, 판사, 의사는 마치 정의나 건강은 별게 아니라는 듯이 말한다. 중요한 것은 의사나 변호사, 판사들이 존재하고, 그러한 직업에 수반되는 외적인 형식들이 철저하게 준수되는 일이다. 이런 식으로 수단이 목적을, 형식이 내용을 대신하여, 대중을 위해 직업이 생긴 것이 아니라 거꾸로 대중이 직업을 위해 존재하게 된다. 형식에 대한 한결같은 중시, 규칙의 기계적인 적용은 이때 일종의 직업적인 자동주의를 낳는다. 몸에 습관이 붙으면 영혼도 기계처럼 작동되는 것과 비슷해져서 똑같이 우스꽝스럽다. 이에 관한 예는 연극에 상당히 많다. 이 주제의 다양한 변형을 자세히 살펴보기보다는 아주 간단명료하게 다뤄진 두서넛 작품을 인용해보겠다. 「상상병 환자」[31]에서 디아

푸아뤼스[32]는 이렇게 말한다. "형식에 맞게 사람들을 치료하기만 하면 됩니다."[33] 「사랑이라는 의사」[34]에서 바이는 "규칙을 어기면서까지 회복되느니 규칙에 따라 죽는 것이 낫습니다"[35]라고 말하고, 그보다 더 앞에서 데포낭드레스는 "어떤 일이 일어나더라도 형식은 절대로 지켜야 합니다"[36]라고 한다. 그리고 그의 동료인 토메스는 그 이유를 이렇게 설명한다. "죽은 사람이야 어쩔 수 없지만, 형식이 무시되면 전체 의사들에게 막대한 피해가 있게 됩니다."[37] 브리두아종[38]

---

31 몰리에르의 발레 희극(1673). 아무런 병이 없는데도 자신이 위중한 환자라고 생각하는 아르강은 치료를 좀더 잘 받을 목적으로 딸을 의사인 토마 디아푸아뤼스에게 시집보내려는 계획까지 세운다. 약과 치료에 대한 아르강의 맹신을 이용하여 그의 주치의는 한 달에도 수십 차례의 관장과 사혈을 하고, 치료가 많고 잦을수록 아르강은 만족해한다.

32 토마의 아버지를 말한다. 그도 의사다.

33 2막 5장.

34 몰리에르의 발레 희극(1665). 의사로 변장한 클리탕드르가 결국엔 사랑하는 애인과 결혼에 이르게 된다.

35 2막 5장.

36 2막 3장.

37 2막 3장.

38 18세기 말 극작가 보마르셰Pierre-Augustin Caron de Beaumarchais (1732~1799)의 「피가로의 결혼Le Mariage de Figaro」(1784)에 나오는 판사. 더듬거리면서 말을 하고, 사람들의 말을 잘 이해하지 못하는 우둔한 사람으로 일의 내용보다는 형식만을 중시하는 인물.

의 다음 말도 약간 다른 생각이 담겨 있긴 하지만 여전히 의미심장하다. "그래요. 매사에는 혀…… 형식, 혀…… 형식이라는 것이 있는 버…… 법이지요. 판사가 일상복을 걸치고 있으면 웃음을 터뜨리던 사람도 법의를 갖춘 검사를 힐끗 보기만 해도 벌벌 떨거든요. 혀…… 형식, 무엇보다도 혀…… 형식만이 중요하다고요."[39]

분석이 진척됨에 따라 하나의 법칙이 차츰차츰 더욱 뚜렷이 드러나게 되는데, 여기 그 법칙의 구체적인 첫 응용 사례가 있다. 연주자가 악기로 어떤 음을 연주하면, 첫 음만큼 잘 들리지는 않지만 다른 음들도 울려 퍼진다. 이 음들은 처음에 연주된 음과 어떤 일정한 관계가 있는 음들로, 그 음과 겹쳐지면서 음색을 결정짓는다. 이것이 물리학에서 말하는 기본 음조의 고조파高調波[40]이다. 그렇다면 희극적 상상 체계도, 아무리 기상천외한 발상이라고 한들 이와 비슷한 법칙을 따르는 것이 아닐까? 예를 들어 내용을 능가하려는 형식이라는, 우리가 이미 살펴본 희극적 음조를 보자. 우리의 분석이 정확하다면 이 희극적 음조는, 정신을 괴롭히는 신체, 정신을 제압하는 신체를 고조파로서 지니고 있음이 틀

---

39 3막 14장에서 판사가 시종을 재판하는 일에까지 법복을 입고 올 이유가 있는지 백작이 질문한 것에 대한 대답이다.
40 기본 음조 두 배의 진동수를 가진 음.

림없다. 따라서 희극 작가는 첫번째 음조를 제시하면서 본능적으로, 그리고 무심결에 두번째 음조를 덧붙인다. 다른 말로 하면, **희극 작가는 직업에서 나오는 우스꽝스러움을 신체적인 우스꽝스러움으로 증폭시킨다.**

판사 브리두아종은 말을 더듬으며 무대에 등장한다.[41] 이는 곧 드러날 자신의 경직된 지성을 우리가 알아볼 수 있도록 마음의 준비를 시키는 것이 아닐까? 어떤 감춰진 유사성이 있기에 이러한 신체적인 결함과 정신적인 편협함이 연결될 수 있을까? 아마도 이 재판하는 기계[42]는 동시에 말하는 기계처럼 보여야 했을 것이다. 어쨌든 다른 어떤 화음도 기본음을 이보다 더 잘 보완하지는 못했을 것이다.

몰리에르는 「사랑이라는 의사」에서 우스꽝스러운 두 의사, 바이와 마크로통을 등장인물로 제시하면서, 마크로통은 한 음절 한 음절마다 말을 끊으며 아주 천천히 말하게 하고, 바이는 알아듣기 힘들 만큼 빨리 말하게 한다. 푸르소냑씨의 두 변호사도 이와 똑같은 대비를 보인다.[43] 흔히 신체적 기이함이 말의 속도로 드러나는 경우가 많고, 이것이 직업과 관련된 우스꽝스러움을 증폭시킨다. 작가가 이러한 종류

---

41 「피가로의 결혼」 3막 12장에 나오는 장면.
42 브리두아종을 암시하는 표현.
43 2막 11장.

의 결함을 따로 지시해놓지 않았을 때는, 대부분의 경우 배우가 본능적으로 알아서 덧붙인다.

따라서 우리가 서로 연결시켰던 두 이미지, 즉 일정한 형식 속에서 경직되는 정신과, 여러 결함으로 뻣뻣해지는 육체는 그 속성이 비슷하다는 것을 쉽게 알 수 있다. 우리의 주된 관심이 내용에서 형식으로, 혹은 정신적인 것에서 신체적인 것으로 쏠린다는 점에서 두 경우 모두 똑같다고 상상하게 된다. 두 희극성이 똑같은 종류의 것이기 때문이다. 지금까지 우리는 상상력이 움직이는 자연스러운 방향을 충실히 따라가보고자 했다. 기억하겠지만 이 방향은, 중심 이미지로부터 갈라져 나와 우리에게 제시된 방향들 중 두번째였다. 세번째이자 마지막 길이 우리 앞에 펼쳐져 있다. 이제 그 길로 나아가보자.

3. 생명적인 것에 덧붙여진 기계적인 것. 마지막으로 다시 한번 우리의 핵심 이미지로 돌아가보자. 이때 우리의 관심사로서 살아 있는 존재는 인간, 즉 사람이었다. 기계장치는 그와 반대로 사물이다. 그러므로 이러한 관점에서 이미지를 보면, 사람이 순간적으로 사물로 바뀔 때 우스꽝스러워지는 것이다. 그렇다면, 이제 기계적인 것이라는 정확한 개념에서 사물이라는 좀더 막연한 개념으로 나아가보자. 그러면 우리는 일련의 새로운 우스꽝스러운 이미지들을 얻을

것이다. 말하자면 첫번째 개념, 즉 기계적인 것의 윤곽을 흐릿하게 지움으로써 생기는 것으로, 다음과 같은 새로운 법칙을 낳을 것이다. **사물처럼 보이는 사람이 있으면 우리는 언제나 웃는다.**

산초 판사[44]가 담요에 둘둘 말려서 한낱 공처럼 이리저리 던져지는 것을 보면 우리는 웃는다. 또한 뮌히하우젠[45] 남작이 포탄처럼 맹렬한 기세로 공간을 가로질러 나아가는 것을 보고 우리는 웃음을 터뜨린다. 그런데 무엇보다도 서커스 광대들의 묘기를 보면 이 법칙이 맞는지 더 확실하게 알 수 있다. 이때 광대의 익살은 완전히 배제하고, 이 구경거리만을 고려해야 한다. 즉 광대의 재주 중에서 엄밀하게 '광대적인' 태도와 깡총거림, 움직임만을 고려해야 한다. 나는 이러한 종류의 희극성을 그 순수한 상태에서 오직 두 번 관찰할 수가 있었는데, 두 번 다 같은 인상을 받았다. 첫번째 경우에는, 광대들이 **점점 세게**crescendo 하겠다는 강한 집념을 가지고, 꾸준히 빨라지는 리듬에 따라 왔다 갔다 하면

---

44 세르반테스의 소설 『라만차의 돈키호테*Don Quijote de la Mancha*』(1605)에 나오는 인물. 돈키호테의 시종으로 그와 대비되는 인물이다.

45 실존 인물인 뮌히하우젠 남작Hieronymus Carl Friedrich Freiherr von Münchhausen(1720~1792)을 모델로 독일 작가 라스페Rudolf Erich Raspe가 1785년에 발표한 소설의 주인공. 황당하고 허풍이 심한 모험담으로 유명하다.

서 서로 부딪쳐 넘어지고 다시 튀어 오르곤 했다. 그럴수록 관중의 관심은 이 **다시 튀어 오르기**rebondissement에 더 집중되었고, 광대들이 뼈와 살을 지닌 사람이라는 사실은 조금씩 잊혀갔다. 사람이 아니라, 무슨 꾸러미가 떨어지고 서로 부딪치는 것 같았다. 이제 무대의 모든 것이 둥글둥글해졌다. 광대들의 몸뚱어리는 공처럼 빙글빙글 돌았다. 끝에 가서는 마치 사방에서 서로 고무공들을 던지는 것 같은 장면이 되었다. 두번째 장면은 첫번째 경우보다 다소 거칠었으나 유익한 것이었다. 엄청나게 큰 머리에, 그것도 완전히 대머리인 두 사람이 등장한다. 그들은 각자 커다란 몽둥이를 지니고 있었는데, 번갈아 가면서 상대방의 머리를 그 몽둥이로 때린다. 여기서도 역시 점진적인 변화가 보인다. 몽둥이로 맞을 때마다 몸뚱어리는 무거워지고 굳어진다. 온몸이 점점 더 딱딱한 것으로 뒤덮이는 것이다. 반격은 갈수록 더뎌졌지만 더 육중하고 쩌렁쩌렁 울리는 소리를 낸다. 두개골에서 나는 소리가 조용한 실내를 떠나갈 듯이 울려댄다. 결국에는 뻣뻣해지고 둔해진, 그리고 막대처럼 선 두 몸뚱이가 상대방 쪽으로 기울어지면서 마지막으로 한 번 더 몽둥이로 서로의 머리를 강타한다. 마치 떡갈나무 들보 위에 묵직한 나무망치가 떨어지는 듯한 소리가 울려 퍼진다. 그러고는 둘 다 바닥 위에 나자빠진다. 두 배우가 연기를 진행하면서 관객에게 불어넣었던 암시가 현실화된다. "우린 통

나무 인형이 된다오. 그리고 그렇게 되었지요."

문화적 소양이 없는 사람들도 본능적으로 막연하게나마 아주 미묘한 심리학적 효과를 느낄 수 있다. 암시만으로도 최면에 걸린 사람에게 환각을 불러일으키는 것이 가능하다. 최면술사가 손 위에 새가 앉아 있다고 말하면, 최면에 걸린 사람은 새의 감촉을 느끼고 새가 날아가는 것도 본다. 그러나 암시가 늘 쉽게 성공하는 것은 아니다. 대개의 경우 최면술사는 하나씩 단계적으로 암시함으로써 조금씩 받아들이게 할 수 있을 뿐이다. 그는 최면에 걸린 사람이 실제로 인지한 대상에서 출발하여 그 인지도가 점점 더 흐릿해지도록 몰고 간다. 이러한 혼동 상태로부터 서서히 최면술사의 의도대로 어떤 대상의 형태가 뚜렷하게 드러나면서 환각이 보이게 되는 것이다. 많은 사람이 잠들 때 경험하는 것도 이와 비슷하다. 물 흐르듯 유동적이고 형태도 일정하지 않으며 여러 색깔을 띤 덩어리들이 눈앞에 어른거리다가 서서히 분명한 형태의 사물이 되는 것이 보인다. 따라서 모호한 것에서 분명한 것으로 점차 이행해가는 것은 탁월한 암시의 방법이다. 희극적 암시의 밑바닥에는 흔히 이런 방법이 있게 마련이다. 특히 사람이 사물로 바뀌는 것처럼 보이는 조잡한 희극에서는 확실히 그러하다. 그러나 좀더 미묘한 다른 방법들도 있다. 예컨대 시인들은 무의식적이지만 똑같은 목적으로 이 방법을 주로 사용한다. 이들은 리듬, 각운, 모음 압운을 일정하게 배열하여 우리의 상상력을 조용히 흔들어 달랜다. 규칙적으로 같은 곳을 왔다 갔다 하면서 우리의 상상력은, 암시된 심상心象을 쉽게 받아들일 준비를 한다. 르냐르[46]의 다음 구절을 들어보라. **인형**의 아련한 이미지가 상상의 공간에 떠오르지 않는가.

……더욱이 그는 여러 사람에게 빚졌지
1만 프랑하고도 1리브르 1오볼[47]을.
요청한 대로 사람들이 1년 내내 쉬지 않고 그에게
옷 해 입히고, 마차 태워주고, 따뜻하게 해주고, 구두 신기고, 장갑 끼워주고,
먹이고, 수염 깎아주고, 목 축여주고, 온갖 거 다 챙겨주었으니.[48]

피가로[49]의 다음과 같은 대사에서도 비슷한 것을 볼 수 있으리라(여기서는 사물의 이미지보다 동물의 이미지를 암시

---

46 24쪽의 주5 참조.

47 franc, livre, obole. 지금은 사용하지 않는 옛 화폐 단위.

48 「노름꾼」 3막 4장에 나오는 구절.

49 보마르셰의 3부작 「세비야의 이발사Le Barbier de Séville」(1775)와 「피가로의 결혼」 「죄지은 어머니La Mère coupable」에 나오는 인물. 「세비야의 이발사」 1막 4장에 나오는 장면이다.

하려고 한 것 같기는 하지만). "그는 어떤 사람이야?" "잘생겼고, 뚱뚱하고, 작고, 애늙은이, 머리는 반백, 교활하고, 면도는 바싹, 시큰둥하고, 엿보고, 꼬치꼬치 캐고, 꾸짖고, 매사에 투덜대지."

앞에서 살펴보았듯이 조잡한 장면과 미묘한 암시 사이에는 희극적 효과를 낳는 이런저런 방법이 많다. 그런데 이러한 효과는 모두 사람을 물건에 지나지 않는 것처럼 다룰 때 생겨난다. 라비슈의 연극에는 그러한 효과에 대한 예를 얼마든지 찾아볼 수 있다. 그중에서 한두 가지 경우를 살펴보자. 페리숑[50]씨는 열차의 객실에 오르면서 짐을 다 잘 챙겼는지 확인한다. "넷, 다섯, 여섯, 마누라 일곱, 딸내미 여덟, 그리고 나까지 아홉." 또 다른 작품[51]에서는, 딸이 똑똑하다고 자랑하면서 아버지가 다음과 같이 말한다. "그 아이는 일어났던 프랑스 역대 왕의 이름을 하나도 안 틀리고 좔좔 댄다네!" **'일어났던'**이란 표현은 왕들을 단순한 사건으로 곧장 바꾸지는 않지만 비인격적인 사건과 동일시한다.

50 라비슈의 「페리숑 씨의 여행」(1860)에 나오는 주인공. 성공과 돈을 중히 여기며, 자만에 빠진 부르주아인 그가 50대에 이르러 엄청난 여행을 시도한다. 여행의 즐거움보다는 벼락부자로서의 재정적 능력을 과시하려는 의도에서다. 장면은 1막 2장.
51 라비슈의 작품 「샹보데 정거장La Station Champbaudet」(1862)에 나오는 이야기. 장면은 2막 4장.

바로 위에 언급한 예에 관해선 여기서 한 번 짚고 넘어가자. 희극적 효과를 자아내기 위해 반드시 사람과 사물을 완전히 동일시할 필요는 없다. 예컨대 직무와 그 직무를 맡은 사람을 혼동하는 체하면서 두루뭉술 하나로 생각하는 것만으로 충분하다. 아부[52]의 한 소설에 등장하는 마을 면장의 말을 인용해보자. "도지사님, 1847년 이래로 여러 번 교체되긴 했습니다만 저희들에게 한결같은 호의를 베풀어주셨지요."

위에 인용한 모든 말은 같은 틀에서 나온다. 우리가 그 공식을 아는 지금, 그러한 말들은 얼마든지 지어낼 수 있을 것이다. 그러나 콩트 작가나 통속 희극 작가의 기교는 단순히 말을 지어내는 데 있지 않다. 그 말에 암시력을 부여하는 것, 말하자면 그럴듯하게 받아들일 수 있도록 하는 것이 어려운 작업이다. 그런 말들은 어떤 정신 상태를 반영하거나, 혹은 어떤 상황에 꼭 들어맞아 보일 때만 우리에게 와닿는다. 가령 우리는 페리숑 씨가 생애 첫 여행을 떠나는 순간

---

52 Edmond About(1828~1885). 프랑스의 작가이자 기자. 초기에는 발자크로부터 영향을 받아 「파리에서의 결혼Les Mariages de Paris」(1856) 등을 쓰다가 가공의 상황과 활기찬 이야기가 가득한 「귀가 찢어진 사나이L'Homme à l'oreille cassée」(1862), 「어느 공증인의 코Le Nez d'un notaire」(1862) 등의 작품을 남겼다. 이 이야기는 「피에르 선생Maître Pierre」(1858)에 나온다.

매우 흥분된 상태라는 것을 안다. 또한 '일어난'이라는 표현은 딸이 아버지 앞에서 교과 내용을 여러 번 암송하면서 반복했던 말들 중 하나다. 그 표현은 우리에게 암송을 연상시켜준다. 행정 기계[53]에 대한 찬사의 경우를 보자. 엄밀하게 말해 도지사의 이름이 바뀌어도 그의 직분에는 하등의 변화가 없으며, 공무원의 기능은 담당자와는 상관없이 수행된다는 것을 믿게끔 유도한다.

이제 우리는 웃음의 최초 동기로부터 상당히 멀리 떨어지게 되었다. 그 자체로 설명이 불가능한 희극 형태는 그와 유사한 다른 형태에 의해서만 이해된다. 이 다른 형태 또한 제3의 형태와의 유사성을 통해 우리를 웃긴다. 이런 식의 설명은 끝도 없이 이어질 것이다. 심리학적 분석이 아무리 명쾌하고 예리해도, 다양하게 펼쳐지는 희극적 분위기를 파악하지 못하면 그 분석은 정확하지 않다. 희극성은 왜 이토록 끊임없이 변화하는가? 어떠한 추진력과 기이한 자극을 통해 희극성이 하나의 이미지에서 다른 이미지로 미끄러져 나아가는가? 그리하여 출발점에서 점점 더 멀어진 희극성은 유사한 형태가 끝도 없이 멀리 반복하면서 펼쳐지게 된다. 나무의 가지를 잔가지로, 뿌리를 곁뿌리로 나누고 다시 세분하는 힘은 무엇인가? 시간이 허락하는 한, 필연적으로

53 브리두아종을 판단하는 기계로 빗대었듯이 위의 도지사를 일컫는 말.

모든 생명 에너지는 최대한의 공간으로 뻗어나가는 것이다. 그런데 희극적 상상 체계야말로 생기 충천한 에너지로, 사회라는 토양의 척박한 대지에서 기운차게 자라난 신기한 나무와 같다. 잘 가꾸기만 하면 가장 세련된 예술 작품들과 어깨를 견줄 수도 있을 것이다. 사실 지금까지 살펴본 희극성의 예들은 고급 예술과는 거리가 멀다. 하지만 다음 장에서는 고급 예술에 도달하지는 못하더라도 꽤 가까이 근접하게 될 것이다. 예술보다 한 단계 아래에 기교artifice가 있다. 자연과 예술의 중간 지대에 위치한 기교의 영역을 우리는 이제 깊이 들여다보고자 한다. 다음 장에서는 통속 희극 작가와 '재치 있는 사람'에 대하여 논의할 것이다.

2장
상황의 희극성과 말의 희극성

1. 상황의 희극성

지금까지 우리는 형태와 태도, 제반 움직임과 관련된 희극성을 고찰했다. 앞으로는 행위와 상황의 희극성을 살펴보려고 한다. 이러한 종류의 희극성은 일상생활에서도 얼마든지 쉽게 만날 수 있다. 하지만 일상생활은 이러한 희극성이 가장 잘 분석될 수 있는 영역은 아니다. 연극이 삶을 과장하고 단순화시키긴 해도, 우리가 다루는 주제에 대해서는 일상생활보다 연극이 시사하는 바가 더 크다. 어쩌면 우리는 단순화를 더욱더 밀고 나가 빛바랜 오래전 추억에까지 거슬러 올라가야 할지도 모른다. 그리하여 어린 시절 재미로 했던 놀이 속에서 어렴풋하나마 최초의 희극적인 방법을 찾을 수도 있겠다. 우리는 너무나 자주 기쁨이나 고통 따위의 감정이 세월이 흘러도 변하지 않고 애초부터 무르익은 채로 생겨난 듯이 이야기한다. 대부분의 유쾌한 감정은 어린아이들처럼 유치한 요소를 동반하고 있다는 사실, 우리는 이를 종종 무시하고 지나가버린다. 그러나 지금 즐거워하는 감정을 면밀히 들여다보면 지난 시절의 즐거움을 회상한 것에 불과한 경우가 얼마나 많은가! 만약 많고많은 감정 중에서 오로지 지금 이 순간 느끼는 감정만 남긴다면, 즉 그저 추억 속의 감정을 모두 다 제거해버린다면, 무엇이 남겠는가? 어느 정도 나이가 들면 신선하고 새로운 기쁨에 무감각해질지 모를 일이다. 또한 어른이 되어 맛보는 가장 감미로운 충족감이란 어린 시절에 느꼈던 감정들이 되살아나는 것, 즉 점점 더 아득해지는 과거가 우리에게 불어넣어주는 향기로운 미풍인지 누가 알겠는가?

하기야 매우 일반적인 이 질문에 대해 어떤 식으로 대답하든 간에 한 가지 확실한 것은, 어린이와 어른이 느끼는 놀이의 즐거움에 단절이 있을 수 없다는 것이다. 희극은 분명히 하나의 놀이, 그것도 삶을 모방하는 놀이다. 아이가 인형과 꼭두각시를 가지고 놀면서 모든 것을 가느다란 실로 움직이듯이, 희극적 상황의 연결 속에서 우리가 찾아야 하는 것도 자꾸 써서 닳긴 했지만 바로 이 똑같은 실이 아닐까? 따라서 우리는 어린이의 놀이에서 출발하기로 한다. 어린이는 꼭두각시를 자라게 하고 꼭두각시에 생기를 불어넣으며, 결국 꼭두각시이면서 동시에 사람이 되는 묘한 상태가 되도록 한다. 이 점진적인 과정을 따라가보자. 그렇게 하면 우리는 희극의 인물들을 만나게 될 것이다. 그리고 이 희극 인물들을 통해 앞서 했던 분석에서 밝혀진 법칙, 즉 통속 희극 일반의 상황을 정의해줄 법칙이 검증될 수 있을 것이다. **살아 있는 것처럼 보이면서도 동시에 기계 부품과 같은 인상을 주는 행동과 그로부터 빚어지는 사건은 모두 희극적이다.**

1. **디아볼로**[1] ── 우리는 모두 어린 시절에 뚜껑을 열면 상자에서 튀어나오는 장난감 인형을 가지고 놀았다. 인형은 납작하게 눌려 있다가 뚜껑을 열면 톡 튀어나온다. 더 낮게 누를수록 더 높이 튀어 오른다. 뚜껑 아래로 지그시 눌러보면 상자째 튀어 오르는 경우도 많다. 이 장난감이 옛날에도 있었는지는 모르겠지만, 이런 종류의 놀이는 어느 시대에나 있었다. 그 원리는 강한 두 힘 사이의 충돌이다. 기계적인 고집이 그것을 가지고 노는 다른 고집에 굴복하게 된다. 생쥐를 가지고 노는 고양이는, 매번 용수철처럼 생쥐를 도망가게 내버려 두었다가 정확하게 한 발로 잡곤 하는데, 이때 고양이도 비슷한 유희를 즐기는 셈이다.

기뇰[2] 극으로 옮겨가보자. 경찰관이 위험을 무릅쓰고 무대에 등장하면 늘 곧바로 방망이를 한 대 얻어맞고는 푹

---

1 뚜껑을 열면 용수철에 달린 채 눌려져 있던 괴상한 형태의 인형이 불쑥 튀어나오는 장난감.
2 이탈리아에서 유래한 이 끈 없는 꼭두각시는 모든 권위에 도전하고 야유하는 무례함을 상징한다. 그의 동료인 냐프롱과 더불어 많은 모방자를 생기게 한 익살 광대의 대명사.

꼬꾸라진다. 다시 일어나면 기다렸다는 듯이 두번째 방망이가 날아와 납작하게 만들어버린다. 또 일어나려고 해도 마찬가지다. 팽팽해졌다가 느슨해지는 용수철의 일정한 리듬에 따라 경찰관이 쓰러졌다가 일어나기를 반복하는 동안 관객의 웃음소리는 점점 더 커진다.

이제 살아 있는 용수철을 상상해보자. 어떤 의견이 나오면 다른 사람이 제지한다. 그러면 했던 말을 다시 꺼낸다. 말이 흘러나오자마자 차단되고 또다시 솟아나온다. 하나의 고집불통과, 고집불통에 저항하는 또 다른 집요함이 보인다. 여기에는 물리적인 것이 전혀 없다. 더 이상 기놀 극이 아닌 진짜 희극을 보는 것이다.

많은 희극적 장면은 결국 이 디아볼로의 형태로 귀결된다. 「강제 결혼」[3]에서 스가나렐과 팡크라스 사이의 장면이 보여주는 모든 희극성은, 두 사람의 고집으로 인한 알력에서 나온다. 스가나렐은 철학자인 팡크라스에게 자신의 말을 듣게 하려고 하는데, 자동적으로 말하는 기계인 팡크라스의 고집에 부딪히는 것이다. 연극이 진행될수록 디아볼로의 이미지가 점점 더 뚜렷해져서 결국에는 인물들이 기계적 움직임을 취하게 된다. 스가나렐은 팡크라스가 나올 때마다 무

3 몰리에르의 발레 희극(1664). 이 극의 주인공인 스가나렐은 매를 맞지 않기 위해 교태 부리는 여자 도리멘과 억지로 결혼한다.

대 뒤로 밀어내버린다. 그러면 팡크라스는 무대로 다시 나와 지껄인다. 결국 스가나렐이 팡크라스를 억지로 들어가게 해서 집 안(사실은 상자 안)에 가두는 데 성공하는 순간, 갑자기 팡크라스의 머리가 마치 상자 뚜껑을 들어 올리는 것처럼 열려 있는 창문을 통해 불쑥 다시 나타난다.

「상상병 환자」에도 똑같은 장면이 나온다. 아르강이 자신이 내린 처방을 지키지 않은 것을 알게 된 퓌르공[4] 씨는 온갖 병에 걸릴 거라며 아르강을 위협한다. 그리고 아르강이 퓌르공의 입을 막으려는 듯 의자에서 몸을 일으킬 때마다, 퓌르공은 무대 뒤로 떠밀리기라도 하듯 잠시 사라진다. 그러고는 곧바로 용수철처럼 무대로 다시 나와 새로운 저주를 퍼붓는다. 바로 이때 아르강은 "퓌르공 선생!"이라고 되풀이하여 외치며 이 짧은 희극 장면을 재미있게 만들어준다.[5]

늘리고 줄이고 다시 당겨지는 용수철의 이미지를 좀더 면밀히 관찰해보면 그 본질이 드러난다. 고전주의 희극에서 흔히 활용되는 방법들 중 하나, 바로 **반복**이다.

연극에서 말을 반복하면 희극적 효과가 생기는 까닭은 무엇일까? 간단한 이 질문에 대한 해답은 이제까지의 희극

---

4 퓌르공 씨는 상상병 환자 아르강의 주치의로, 직업적 경직성을 드러내는 인물이다.
5 3막 5장에 나오는 장면.

성 이론에서는 찾을 수가 없다. 재미있는 말의 이유를 말 자체에서 찾으려고 한들 문제는 풀리지 않는다. 말 자체와 그 말이 우리에게 암시하는 바는 동떨어져 있기 때문이다. 그러한 방식[6]의 접근은 얼토당토않은 것이다. 사실 뒤에서 다시 언급하게 될 특수한 몇 가지 경우를 제외하고는, 말의 반복 자체가 우습지는 않다. 말의 반복이 정신 상태의 독특한 움직임, 그것도 구체화되어 나타나는 움직임을 상징하는 경우일 때 웃음을 자아내게 된다. 그것은 생쥐를 가지고 노는 고양이의 장난이나, 인형을 상자 안에 넣었다가 튀어 오르면 다시 밀어 넣는 아이의 놀이와 같은 것이다. 다만 좀더 세련되고 정신적이며, 감정과 사고의 영역으로 옮겨졌을 뿐이다. 연극에서 말의 반복이 낳는 중요한 희극적 효과들을 우리 나름으로 정의한 법칙은 다음과 같다. **말의 희극적 반복에는 일반적으로 두 요소가 대치한다. 하나는 용수철처럼 다시 부풀어 오르려는 억눌린 감정이며, 다른 하나는 그 감정을 다시 누르려는 짓궂은 생각이다.**

하녀 도린이 오르공에게 그의 아내가 아프다는 얘기를 하고 있는데, 오르공은 계속해서 도린의 말을 가로막고 타르튀프[7]의 건강에 대해서만 묻는다. 바로 이때 변함없이 되

---

6 재미있는 말 자체에서 희극성의 이유를 찾으려는 방식을 말한다.

7 몰리에르의 희극「타르튀프」(1664)에 나오는 인물. 위선자의 전형.

풀이되는 질문, "그래, 타르튀프 씨는 어떤가?"는 튀어 오르는 용수철에 대한 느낌을 우리에게 생생하게 전해준다. 그때마다 도린은 아픈 엘미르[8] 이야기를 되풀이하면서 용수철을 신나게 누른다. 스카팽은 늙고 인색한 제롱트[9]를 가지고 논다. 그에게 아들이 악명 높은 갤리선에 포로로 잡혀갔으니 서둘러 손을 써서 풀려나게 해야 한다고 얘기하는 것이다. 이것은 도린이 오르공의 무분별한 고집을 가지고 장난치는 것과 비슷하다. 제롱트의 인색함은 잠시 억제되는 듯하다가 절로 되살아나 지불할 돈을 아까워한다. "그 망할 놈의 갤리선에는 뭐 하러 갔단 말이냐?" 제롱트로 하여금 이 말을 기계적으로 반복하게 함으로써 몰리에르는 자동주의를 드러내고자 했다. 사랑하지도 않는 남자에게 딸을 시집보내는 것은 잘못이라고 발레르가 아르파공[10]에게 말하는

8 도린, 오르공, 타르튀프, 엘미르는 몰리에르의 희극 「타르튀프」에 나오는 인물들. 오르공은 가짜 독신자 타르튀프에게 푹 빠져 있는 인물이고, 도린은 그에 맞서서 투쟁하는 하녀, 엘미르는 오르공의 아내. 여기에서의 장면은 1막 4장에 나온다.

9 스카팽과 제롱트는 몰리에르의 희극 「스카팽의 간계Les Fourberies de Scapin」(1671)에 나오는 인물. 스카팽은 젊은 레앙드르의 하인이고, 제롱트는 레앙드르의 아버지. 2막 7장에 나오는 장면.

10 발레르와 아르파공은 몰리에르의 희극 「수전노」(1668)에 나오는 인물들. 발레르는 아르파공의 딸인 엘리즈와 결혼하기 위해 그의 집사로 일한다.

장면도 이와 똑같다. "지참금이 없어도 된단 말이야!" 아르파공의 인색함이 상대의 말을 계속 끊어버린다. 자동적으로 되풀이되는 이 말 뒤에는 반복적으로 작동하는 기계장치가 엿보인다. 바로 고정관념으로 만들어진 것이다.

기계장치를 감지하기가 좀더 힘든 경우도 있다. 희극성 이론이 쉽지 않다는 것을 새삼 느끼게 되는 대목이다. 예컨대 한 인물이 두 인격으로 분리되고, 장면의 모든 관심이 이 인물에게만 집중되는 경우이다. 상대방은 이 분리를 반영하는 단순한 프리즘 역할을 할 뿐이다. 이런 경우 희극적 효과의 비밀을 두 인물이 펼치는 표면적인 장면 속에서, 즉 우리가 보고 듣는 것 속에서 찾는다면 우리는 길을 잘못 든 것이다. 우리가 관심을 가져야 하는 부분은 내면에서 벌어지는 희극이다. 겉으로 보이는 장면은 이를 단지 굴절시켜 드러낸 것에 불과하다. 예를 들어 자기 시가 시원찮은지를 묻는 오롱트에게 계속 "내 말은 그게 아니오!"라고 대꾸하는 알세스트[11]의 반복은 우스꽝스럽다. 그러나 오롱트가 이 장

---

11 오롱트와 알세스트는 몰리에르의 희극 「인간 혐오자」(1666)에 나오는 인물들. 알세스트는 사회에 만연해 있는 위선과 거짓, 경박함에 비분강개하면서도 자신의 생각을 실천할 적극적인 의지도 행동력도 없는 인물이다. 게다가 자신의 생각과는 달리 번번이 실수만 되풀이함으로써 희극 안의 사회로부터는 조롱을, 희극 밖의 사회, 즉 관중으로부터는 무기력하고 모순적인 인물이라는 평을 받는다. 오롱트는 삶에 만족하고 최대한 적응

면을 알세스트와 함께 즐기는 것은 분명 아니다. 여기서 우리는 주의해야 한다! 사실 이 경우 알세스트 안에 두 인물이 있는 것이다. 한편으로 사실을 있는 그대로 말하기로 마음먹은 '인간 혐오자'가 있다. 다른 한편은 예절을 쉽게 무시할 수 없는 교양인이다. 후자는 자기 주장대로 살면서도 상대방의 자존심을 건드려 고통을 줄 수밖에 없는 결정적인 순간에는 뒤로 물러서버리는, 그저 마음 좋은 사람이다. 따라서 진짜 극적인 장면은 알세스트와 오롱트 사이가 아니라, 알세스트의 두 내면 인물 사이에 있는 것이다. 이 두 알세스트 중에서 한 인물은 불쑥 말하고 싶어 한다. 그가 모든 것을 말하려고 하면, 바로 그 순간 다른 인물이 입을 막아버린다. "내 말은 그게 아니오!"라는 반복은, 서두르며 밖으로 나오려고 애쓰는 힘과 다시 밀어 넣으려는 힘이 점점 크게 갈등하고 있음을 보여준다. 그래서 "내 말은 그게 아니오!"의 억양은 점점 더 격해지고, 알세스트는 갈수록 화가 치밀어 오르게 된다. 그는 오롱트에게 화를 내는 것 같지만 사실은 자기 자신에게 화가 난 것이다. 이렇게 해서 용수철은 점점 새로운 탄력을 받으며 강해지다가, 결국 버티지 못하고 늘어지게 된다. 반복의 기계장치는 여기서도 마찬가지라고 할 수 있다.

하고자 하는 인물. 여기서의 장면은 1막 2장에 나온다.

어떤 사람이 "인류 전체와 정면으로 맞서는 한이 있어도" 자신이 생각한 대로만 말하겠다고 결심한다고 해서, 이것이 꼭 희극적인 것은 아니다. 이는 삶의, 그것도 최선의 삶의 한 국면이다. 또 어떤 사람이 성격이 온화해서든, 이기심에서든 혹은 무심해서든 타인에게 듣기 좋은 말만 하고 싶어 한다면, 그 역시 삶의 한 측면에 불과하다. 우리를 웃게 하는 것은 아무것도 없다. 이제 이 두 사람을 결합하여 한 사람으로 만들어보자. 그리고 다른 사람에게 상처를 줄수도 있는 솔직함과 위선적 예절 사이에서 주저하도록 해보자. 만일 이 두 감정이 서로 부딪치면서도 잘 어우러진다고 가정해보자. 함께 성숙해가면서 복합적인 정신 상태를 이루어 **화해 수단**modus vivendi을 취하게 되는 것이다. 이때 화해 수단은 마치 복잡하게 작동하는 생명처럼 보인다. 이럴 경우 두 감정의 대립은 희극적이기보다는 오히려 진지하게 보일 것이다. 이와는 달리, 진짜 살아 있는 사람인데 요지부동으로 **팽팽하게 맞서는** 두 감정을 지니고 있다고 해보자. 그는 두 감정 사이에서 왔다 갔다 갈피를 잡지 못한다. 마치 단순하고 조잡한 흔한 장치가 기계적으로 작동하듯 이 두 감정 사이에서 주저하는 것이다. 이때 비로소 우리는, 지금까지 우스꽝스러운 대상들을 통해 알아볼 수 있었던 이미지, 즉 **생명적인 것에 덧붙여진 기계적인 것**을 대하고 웃음을 터뜨리게 된다.

첫번째 이미지, 즉 디아볼로에 대해 다소 길게 늘어놓았다. 희극적 상상력이 물리적 기계장치를 조금씩 정신적 기계장치로 변화시켜나가는 과정을 고찰해보았다. 한두 가지 다른 놀이들도 검토해보자. 간략하게 몇 가지만 예로 들겠다.

2. **꼭두각시놀이**Le pantin à ficelles — 희극 장면에서 등장인물은 스스로 자유롭게 말하고 행동한다고 생각한다. 그는 당연히 생명의 본질을 잘 고수하고 있다. 그런데 달리 보면 다른 사람의 손안에서 좌지우지되는 한낱 장난감처럼 보이는 경우가 아주 많다. 스카팽에게 놀아나는 제롱트와 아르강트는 아이들이 끈으로 조종하는 꼭두각시와 별반 다르지 않다. 스카팽이 하는 말, "벌써 **작전**이 완료되어 있습지요"[12] 또는 "내가 쳐놓은 **그물**에다 하늘이 먹잇감을 몰아넣어주시는군"[13] 등을 보라. 관객은 본능적으로나 내심으로나 속기보다는 속이고 싶어 하기 때문에 사기꾼 편을 든다. 이렇게 관객이 극 중 사기꾼과 굳게 결탁하면, 마치 친구가 가지고 놀던 인형을 빌린 아이처럼 관객 스스로 손에 실을 잡고 꼭두각시를 무대 위에서 이리저리 움직인다. 그러나 꼭 그럴 필

---

12 「스카팽의 간계」 2막 4장.
13 「스카팽의 간계」 2막 6장.

요는 없다. 무대에서 일어나는 일에 우리가 전혀 개의치 않을 수도 있다. 무대 장면이 기계적 작동에 따라 진행된다는 확실한 느낌이 들기만 하면 된다. 가령 어떤 사람이 상반되는 두 입장 사이에서 갈피를 잡지 못한다고 하자. 번갈아 가며 양쪽으로 마음이 왔다 갔다 하는 것이다. 예컨대 파뉘르주가 피에르와 폴[14]에게 자신이 결혼을 해야 할지를 물어보는 장면이 이에 속한다. 이럴 때 희극 작가는 이 대립되는 두 입장을 **의인화**하려고 한다는 점에 주목하자. 관객이 아니라 등장인물이 실을 붙들고 있어야 하는 것이다.

삶에서 모든 진지함은 우리의 자유로부터 나온다. 우리가 오래 간직했던 감정이나 은밀히 품었던 열정, 깊은 생각 끝에 결정해서 실행했던 행동, 이 모두가 우리의 것인바, 이 때문에 삶은 심각하고 때로는 극적이 되기도 한다. 이 모든 것이 희극으로 바뀌기 위해서는 무엇이 필요할까? 그러기 위

---

14 파뉘르주, 피에르, 폴은 라블레François Rabelais(1494~1553)의 작품에 등장하는 인물들. 라블레의 「팡타그뤼엘Pantagruel」(1532), 「가르강튀아 Gargantua」(1534), 「제3서Le Tiers Livre」(1546), 「제4서Le Quart Livre」(1552), 「제5서Le Cinquième Livre」(1564)는 하나의 연결된 이야기를 이룬다. 이 중 파뉘르주는 「팡타그뤼엘」에서부터 등장하는, 음흉하고 심술궂으며 능수능란한 인물이다. 「제3서」는 파뉘르주가 결혼할 것인가에 대해 수많은 사람과 의논하고 고민하는 문제를 다룬다. 파뉘르주는 피에르와 폴에게도 자신이 결혼해야 하는지에 대해 자문을 구한다.

해서는 겉으로는 자유로워 보이지만 그 자유를 조종하는 실이 숨겨져 있다고 상상하는 것으로 충분하다. 시인은 지상에 있는 우리 존재에 대해 이렇게 노래한다.

……가련한 꼭두각시들
필연의 신이 손으로 조종하는.[15]

상상력을 발동하여 이 단순한 이미지를 환기시키기만 하면, 실제 장면이 아무리 심각하고 비극적이라 해도 희극성을 유발할 수 있다. 이 무대는 무궁무진하다. 희극적으로 바뀔 수 없는 것은 아무것도 없다.

3. **눈덩이**La boule de neige — 희극 기법에 대한 우리의 연구가 진전됨에 따라 왜 어린 시절을 돌이켜 생각해보아야 하는지 잘 이해하게 된다. 우리의 회상은 어떤 특정한 놀이에 대한 것이라기보다 '기계적 구조'에 관한 것이다. 바로 이 구조를 응용한 것이 놀이다. 서로 아주 상이한 놀이라고 해도 작동 방식은 하나같이 똑같다. 마치 하나의 오페라 아리

---

15 19세기 프랑스 시인 프뤼돔Sully Prudhomme(1839~1907)의 시집 『시련Les Épreuves』(1866)에 실린 시 「어떤 현자Un Bonhomme」에 나오는 구절.

아가 여러 다른 음악 장르에 쓰일 수 있듯이. 여기서 중요한
것은, 미미한 변화와 더불어 어린이의 놀이에서 어른의 놀
이로 이행해가면서 우리의 지성이 결합의 **법칙**schéma 또는
추상적 공식을 알아낸다는 점이다. 이 공식을 그때그때 적
절히 응용한 것이 바로 놀이다. 예를 들면 굴러가면서 점점
커지는 눈덩이를 생각해보자. 또한 일렬로 세운 군인 납 인
형도 생각해볼 수 있다. 우리가 맨 앞에 있는 인형을 건드리
면 두번째 인형 위로 넘어지고, 두번째는 세번째를 쓰러뜨
린다. 이런 식으로 상황은 점점 가중되어 결국 인형이 전부
땅에 나뒹굴게 된다. 카드로 정성스레 성을 쌓는 놀이도 마
찬가지다. 살짝 건드린 첫번째 카드가 위태위태해진 순간,
그 영향을 받은 옆 카드가 더 빨리 움직이면서 와르르 쓰러
지는 과정은 눈 깜짝할 사이에 마지막 파국에 이른다. 이처
럼 주제는 매우 상이하지만 머릿속에 주입되는 추상적 이미
지는 동일하다고 할 수 있다. 모두 다 효력이 점차 세지면서
퍼져 나간다. 그리하여 처음에는 아무것도 아니었던 원인이
불가피하게 엄청나고도 예기치 못한 결과에 이른다. 아이들
의 그림책을 한번 펴보면, 우리는 이러한 구조가 희극 장면
과 동일한 형태를 띤다는 것을 알 수 있다. 예를 들어 '에피
날 판화 시리즈série d'Épinal'[16]를 펼쳐보면 한 방문객이 급히

16 프랑스 북동부 로렌 지방의 도시 에피날에서 제작된 대중용 판화집.

살롱으로 뛰어드는 장면이 있다. 그가 한 부인을 넘어뜨리자 넘어진 부인이 노신사에게 찻잔을 엎지르고 노신사가 미끄러져 유리창에 부딪혔다. 급기야는 이 유리창이 거드름을 피우며 걸어가는 경찰관의 머리 위로 떨어진다. 똑같은 구조가 어른들이 보는 그림에도 많이 나온다. 코믹 만화가들이 그리는 '말없는 이야기'에서는, 물건이 여기저기 옮겨지고 그 물건과 밀접한 관련이 있는 사람들이 등장하는 경우가 종종 있다. 장면이 바뀜에 따라 물건의 위치가 달라지면, 사람들 사이의 상황도 기계적으로 점점 더 심각하게 변화해 간다.

이제 희극으로 옮겨보겠다. 얼마나 많은 익살스러운 장면과 희극이 이 단순한 유형으로 귀결될 것인가! 「소송광 Les Plaideurs」[17]에서 시카노[18]의 이야기를 다시 읽어보자. 소송이 톱니바퀴처럼 맞물려 이어져 점점 더 빨리 진행되다가 (작가는 소송 용어들을 점점 더 촘촘히 늘어놓음으로써 점증하는 가속도의 느낌을 우리에게 불어넣는다), 종국에는 건초 더미를 놓고 일어난 소송 사건으로 인해 소송을 건 장본인은 재산의 대부분을 잃고 만다. 똑같은 방식이 돈키호테의 몇

---

17 프랑스 비극 작가 라신Jean Racine(1639~1699)의 얼마 되지 않는 희극 중 하나. 1668년 작품.
18 소송광. 아예 판사 집 가까이에 살며 새벽 4시만 되면 그 집에 들어가려고 문 앞에 진을 치고 기다린다.

몇 장면, 예컨대 여인숙 장면에서 나온다. 기묘한 상황이 이어지면서 노새 부리는 사람이 산초를 때리고 산초는 하녀 마리토르네스를 때리는데, 그녀 위로 여인숙 주인이 넘어진다. 끝으로 현대의 통속 희극은 어떤가. 동일한 방식의 형태들을 모두 다 검토할 필요는 없으나 자주 사용되는 형태 하나만 보자. 가령 누군가에게 어떤 물건(예컨대 편지)이 아주 중요한 것이어서 무슨 수를 써서라도 되찾아야 한다. 그런데 손에 넣었다고 생각하는 순간, 이 물건은 늘 빠져나가버린다. 연극 전체에 이리저리 굴러다니면서 가는 곳마다 점점 심하고 예기치 못한 갖가지 사건이 일어난다. 이는 우리의 처음 생각보다 훨씬 더 아이들의 놀이와 유사한 것으로, 여전히 점점 더 커지는 눈덩이의 효과를 보여준다.

기계적 결합은 대체로 **되돌릴 수 있다**는 특징을 지닌다.[19] 공을 던지자 작은 핀 아홉 개가 서로를 쓰러뜨리면서 전부 넘어지는 것을 보면 아이는 즐거워한다. 그런데 만약 그 공이 갖가지 모양으로 돌고 돌다가 다시 출발점으로 되돌아온다면, 아이는 훨씬 더 재미있어할 것이다. 바꾸어 말해 위에서 묘사한 움직임이 앞으로만 나아가도 충분히 희극

---

19 기계적 결합과 달리 생명은 결코 뒤집을 수 없는 것이다. 생명을 기계로 환원할 수 없다는 베르그송의 철학이 드러나는 대목이다. 베르그송은 95쪽에서 생명의 원리에 대해 좀더 상세히 논의한다.

적이다. 그런데 만일 움직임이 원운동을 하고 있어서, 등장 인물이 아무리 노력해도 원인과 결과의 필연적인 얽힘에 따라 같은 자리로 되돌아온다면 희극성은 더욱 증폭된다. 통속 희극은 대체로 이러한 개념으로 구성된다. 이탈리아 밀짚모자[20]를 말이 먹어버렸다. 파리에 이와 비슷한 모자가 하나 있는데, 무슨 수를 써서라도 찾아야 한다. 그런데 모자는 손에 막 잡힐 듯하다가는 사라져서 주인공을 이리 뛰고 저리 뛰게 만든다. 주변에 있는 딴 사람들까지 자석이 쇳가루를 끌고 다니듯 주인공을 따라 쫓아다닌다. 그리고 온갖 고생 끝에 목표에 도달했다고 생각하는 순간, 그렇게도 찾던 모자가 말이 삼켜버린 바로 그 모자임이 밝혀진다. 이런 식으로 연속적으로 일어나는 불가사의한 사건은 라비슈의 다른 유명한 희극[21]에도 등장한다. 이 작품은 오래전부터 알고 지내며 함께 카드놀이를 즐기는 노총각과 노처녀가 주인공이다. 그들은 각각 따로, 같은 결혼 중매소에 신청서를 냈다. 작품 전체를 통해 숱한 역경과 낭패에 낭패를 거듭한 끝에, 서로의 얼굴을 맞대는 맞선에 이르게 된다. 최근의 한 작품[22]에서도 이와 똑같은 순환적 귀결, 출발점으로의 동일

---

20 라비슈의 「이탈리아 밀짚모자」에 나오는 이야기.
21 「판돈 상자La Cagnotte」(1864). 페르테수주아르(파리 북동쪽 55킬로미터 지점의 작은 도시)의 정직한 부르주아들이 푼푼이 모은 돈을 쓰기 위해 파리로 와서 온갖 일을 다 겪는 이야기.

한 회귀가 나타난다. 아내 손에 쥐여사는 남편이 아내와 장모로부터 벗어나려고 이혼을 한다. 그러고는 재혼을 한다. 그런데 어처구니없게도 이혼과 재혼이 빚어낸 결과는, 옛 아내가 새 장모로 등장하는 더욱 난처한 상황이 되어버린다.

이러한 종류의 희극성이 얼마나 노골적이며 빈번하게 나타나는지 생각해보면, 몇몇 철학자의 상상력이 이에 자극받았던 이유를 이해할 수 있다. 먼 길을 갔으나 모르는 사이에 출발점으로 되돌아왔으니, 엄청난 노력을 헛되이 쏟아부은 셈이다. 이러한 방식을 희극성이라고 철학자들은 정의하고 싶었을 것이다. 스펜서[23]의 생각이 그러한데, 그에 따르면 웃음은 기울인 노력이 갑자기 수포로 돌아갔을 때 나오는 징표다. 칸트도 예전에 같은 말을 했다. "웃음은 별안간 소용이 없어져버린 기대감에서 유래한다." 조금 전에 살펴본 예들은 이러한 정의가 맞아떨어지기도 한다. 하지만 전혀 우습지 않은 헛된 노력도 많이 있다. 또한 대단한 노력을 기울이고도 하찮은 결과에 이르는 예뿐만 아니라 그 반대의 예들, 즉 원인은 미미한데 결과가 엄청난 경우도 보았다. 그

22 베르그송이 책을 출간한 20세기 초를 말한다. 프랑스 극작가 비송 Alexandre Bisson(1848~1912)과 마르스Antony Mars(1861~1915)가 함께 쓴 통속 희극 「이혼의 놀라움Les Surprises du divorce」(1909).

23 Herbert Spencer(1820~1903). 영국의 철학자. 다윈의 영향을 받아 생물학, 심리학, 사회학 등을 적용하여 진화론적 철학 이론을 세웠다.

러나 사실 이 두번째 정의 역시 첫번째 정의보다 나을 것도 없다. 원인과 결과 사이의 불균형은, 그것이 어느 쪽에 있든 간에 웃음의 직접적인 원천이 아니다. 다만 이러한 불균형에서 어쩌다가 보이는 무엇인가가 우리를 웃게 만드는데, 이것이 바로 독특한 기계적 배열이다. 일련의 원인과 결과의 배후에 투명하게 드러나는 이 배열을 감지하고 웃는 것이다. 만일 이 배열을 간과해버리면, 희극의 미로로 우리를 안내해줄 유일한 길잡이를 놓쳐버리는 셈이다. 어쩌면 몇 가지 적절한 경우에 해당되는 법칙이 있을 수도 있다. 그러나 이 법칙에 부합되지 않는 예를 만나게 될 경우, 즉각 효력이 상실되고 마는 것이다.

그런데 우리는 왜 이 기계적인 배열을 보고 웃는 것일까? 한 개인이나 어떤 무리의 이야기가 어느 순간 갑자기 톱니바퀴 장치나 용수철, 실로 조종되는 노리개로 보이면 낯설게 보일 것이다. 이 낯섦에 어떤 특성이 있기에 그것이 희극적이 되는가? 여러 형태로 우리에게 제기된 바 있는 이 질문에 대해 우리의 대답은 항상 동일하다. 이 뻣뻣한 기계장치는 생동감 넘치는 인간사 속에 끼어든 침입자로서, 때때로 불쑥 나타나 우리의 관심을 끈다. 왜냐하면 이 뻣뻣한 장치는 삶에 대한 **방심**과 같기 때문이다. 만일 만사가 순조롭게 진행되도록 끊임없이 주의를 기울인다면, 우연의 일치나 부딪침, 또는 연속적인 순환도 일어나지 않을 것이다. 모든 일이 늘 술술 풀리며 전개될 것이다. 우리가 삶에 언제나 주의를 기울인다면, 타인과의 관계나 우리 자신에 대한 성찰을 게을리하지 않는다면, 우리의 모습에서 용수철이나 실의 작용과 같은 경우는 나타나지 않을 것이다. 물건과 비슷한 면이 있는 사람은 희극적이 된다. 인간이 하는 일인데도 뻣뻣하기 짝이 없어서 마치 순전한 기계장치, 자동주의, 말하자면 생명이 없는 기계적 움직임을 흉내 낸 것처럼 보이기 때문이다. 그러므로 희극성이란 즉각적인 교정을 요하는 개인과 집단의 결함을 나타낸다. 웃음은 이것을 교정한다. 웃음은 이런저런 사람이나 사건에서 보이는 특정한 방심 상태를 두드러지게 만들며, 그것을 응징하는 사회적 의사 표시인 셈이다.

이리하여 웃음에 대한 우리의 연구는 좀더 깊고 높은 경지로 나아간다. 지금까지는 어른들을 위한 다양한 작품에서 아이들이 좋아하는 기계적 배합을 경험적인 방식으로 찾아보았다. 이제는 연역적 논법으로 옮겨가보자. 그리하여 희극에서 사용되는 다양한 기법을 그 원천으로 거슬러 올라가, 항구적이고 단순한 원리에 충실한 형태 그대로 끄집어내보려고 한다. 이미 말했듯이 희극은 생명의 형상에 기계적 구조를 끼워 넣어 사건을 전개시킨다. 겉으로 보면 분명 생명인데, 단순 기계 구조가 뚜렷이 보이는 것이다. 어떤 핵심적 특성이 있어 이 둘이 확연하게 구별되는지 밝혀보고자 한다. 이 특성들을 고찰해보면, 희극에 실제로 사용되는, 혹은 사용 가능한 여러 기법에 대해 추상적이고 보편적이고 완벽한 공식을 알아낼 수 있을 것이다.

생명이란 시간에 따라 변화하는 모습으로, 공간에 따라 복잡한 양상으로 나타나 보인다. 시간의 차원에서 보면 생명은 한 존재가 계속 성장하면서 부단히 노쇠해가는 과정이다. 생명은 결코 시간을 거꾸로 되돌아가는 법이 없으며, 반복하지 않는다는 의미다. 공간의 차원에서 보자면, 생명은 공존하는 갖가지 요소를 동시에 펼쳐 보인다. 이 요소들은 아주 밀접하게 서로 결속되어 있고, 오로지 그들 서로를 위해서만 작용할 수 있을 뿐이다. 한 생명체에 속할 뿐, 동시에 다른 생명체에 속할 수는 없다. 생명체는 모두가 하나하나 닫힌 체계의 현상이며, 다른 어떠한 체계와도 중복될 수 없는 것이다. 외관의 계속적인 변화, 현상의 불가역성, 오로지 한 생명체에게만 해당되는 일련의 완전한 개체성, 이런 것들이 생명체를 단순히 기계적인 것과 구분해주는 외적인 특성이다(실제적 특성이든, 외견상 특성이든 그다지 중요하지는 않다). 그렇다면 이러한 생명적 특성과 반대되는 기계적 특성에 대해 살펴보자. 이는 **반복, 역전** 그리고 **사건들의 간섭**이라고 할 수 있는 세 가지 기법이다. 통속 희극이 바로 이 세 가지 기법만으로 쓰인다는 것은 어렵지 않게 파악된다.

앞에서 살펴봤던 이런저런 장면에서도 다양한 모습으로 이 기법들이 뒤섞여 있음을 알 수 있다. 특히 아이들 놀이에 잘 나타나 있다. 놀이의 원리를 재현한 것이 바로 그런 장면이기 때문에 이는 아주 당연한 사실이다. 하지만 이 당연한 사실을 일일이 거론하느라 지체하지는 않을 것이다. 그보다는 이런 여러 가지 기법이 원래의 형태 그대로 무대에 등장하게 되는 몇몇 실례를 살펴보는 것이 우리 연구에 더 보탬이 될 것 같다. 고전 희극이나 현대 연극은 이런 식으로 기술되기에 이는 또한 아주 쉬운 일이기도 하다.

1. **반복** — 여기서 우리가 주목하는 바는, 앞의 경우처럼 반복되는 말이나 문장이 아니라 하나의 상황, 즉 여러 국면이 모여 형성된 하나의 배합인데, 이는 몇 번이고 되풀이되는 것이다. 계속해서 똑같이 다시 나타나기 때문에 삶의 변화하는 흐름과 대조를 이룬다. 우리는 이런 식의 희극성을 미흡하나마 살면서 종종 경험하게 된다. 이를테면 어느 날 길에서 오랫동안 보지 못했던 한 친구를 만난다. 여기에 희극적인 것은 아무것도 없다. 그러나 같은 날 또 만나고 세 번, 네 번 계속해서 만나면, 결국 이 '우연의 일치'에 서로 웃게 된다. 이제 충분히 진짜 같은 느낌을 줄 수 있는 일련의 상상적 사건을 머리에 떠올려보자. 사건이 진행되는 중에, 동일 인물 또는 다른 인물 사이에서 똑같은 장면이 되풀

이된다고 가정해보자. 여기서도 아주 드문 일치를 보게 된다. 연극에 등장하는 반복은 이런 식인데, 장면이 복잡할수록 그리고 자연스러워 보일수록 더 희극적이 된다. 서로 모순된 듯한 이 두 조건은 극작가의 솜씨로 잘 버무려야 하는 것이다.

현대의 통속 희극은 이 수법을 갖가지 형태로 이용한다. 연극이 진행됨에 따라 상황이 아무리 새롭게 전개되어도 다른 처지의 등장인물들이 늘 똑같은 사건이나 재난에 맞닥뜨리는 것이다. 이것이 가장 잘 알려진 반복의 수법 중 하나다.

몰리에르의 여러 작품에서 처음부터 끝까지 같은 사건이 반복되는 경우가 많다. 「아내들의 학교」에서는 하나의 결과가 세 단계로 되풀이된다. 첫번째, 오라스가 아네스[24]의 후견인을 속여 넘기기 위한 묘안을 아르놀프에게 말하는데, 아르놀프는 그 후견인이 바로 자기 자신이라는 것을 알아차린다. 두번째, 아르놀프가 자신 있게 오라스의 작전에 대책을 마련한다. 세번째, 아네스는 아르놀프의 대책을 역이용하여 오라스에게 도움을 준다. 「남편들의 학교L'École des

---

24 오라스, 아르놀프, 아네스는 「아내들의 학교L'École des femmes」(1662)의 등장인물들. 아르놀프는 아네스를 세상 물정에 대해 전혀 모르는 숙맥으로 길러 결혼하고자 하는 부르주아이고, 오라스는 아네스를 사랑하는 젊은이다.

maris」[25] 「덤벙쟁이L'Étourdi」[26]에서도 동일한 주기적 반복이 나온다. 특히 「조르주 당댕」[27]에서는 똑같은 결과가 세 단계를 거치며 반복된다. 처음에는 조르주 당댕이 아내가 자신을 속이고 있음을 알아차리고 장인·장모에게 도움을 요청하지만, 결국 용서를 비는 사람은 언제나 조르주 당댕 자신이다.

같은 장면이 상이한 인물 그룹에게서 나타나기도 한다. 이 경우 첫번째 그룹은 주인이고, 두번째 그룹은 하인인 경우가 대부분이다. 하인들은 주인이 이미 선보인 장면을 상스러운 말투로 다시 한번 더 보여준다. 「사랑의 원한 Le Dépit amoureux」[28]에도 이런 장면이 나오고, 「앙피트리옹

25 몰리에르의 희극(1661). 소극적인 요소가 남아 있기는 하나 풍속 묘사, 성격 묘사, 무엇보다도 사회적인 주제가 담긴 작품이다.

26 몰리에르의 희극(1655). 초기작으로, 줄거리가 복잡다단하고 사실성이 결여된 극이다.

27 몰리에르의 발레 희극(1668). 부유한 농부인 조르주 당댕은 귀족 아가씨 앙젤리크와 결혼하지만, 앙젤리크는 온갖 임기응변과 거짓말로 매번 남편을 속인다. 3막 내내 희극은 당댕의 분노, 앙젤리크의 거짓말, 사위의 잘못을 추궁하는 장인·장모를 거의 동일한 패턴으로 펼쳐 보여준다.

28 몰리에르의 희극(1656). 「덤벙쟁이」와 비슷하며 복잡한 스토리 전개, 사실성의 결여 등으로 소극의 특징이 강하게 드러나는 작품이다. 그런데 주인과 하인이 반복해서 보여주는 이러한 장면은 대체로 '별일 아닌 일로 오해하고 다시 화해하는' 구조로 이루어지는데, 몰리에르는 이미 이탈리아의 코메디아 델라르테commedia delle'arte에서 빈번하게 쓰이던 수법을

Amphitryon」[29]에서도 마찬가지다. 베네딕스[30]의 재미있는 짧은 희극「고집Der Eigensinn」에서는 순서가 바뀌어, 하인들이 보여준 고집부리는 장면을 주인들이 반복한다.

그런데 대칭되는 상황이 어떤 사람들 사이에 생기든 간에 고전 희극과 현대 희극 사이에는 커다란 차이가 있는 듯하다. 사건이 수학적 공식처럼 진행되게 하면서도 진짜 현실인 듯이, 즉 생동하는 삶처럼 느끼도록 하는 것, 희극의 목표는 언제나 이런 것이다. 하지만 목표를 향한 방법은 다르다. 대부분의 통속 희극에서 작가는 직접적으로 관객의 정신을 겨냥한다. 터무니없는 우연의 일치라고 하더라도 관객이 납득하기만 하면 그럴듯한 것이 될 터이고, 작가의 의도를 조금씩 따라가다 보면, 관객은 이를 받아들이게 된다. 현대 작가들이 쓰는 방식은 주로 이러하다. 이와 반대로 몰리에르의 연극에서는 관중이 아니라 등장인물들 덕분에 반

그대로 활용한다.「사랑의 원한」뿐 아니라「스가나렐 혹은 상상으로 오쟁이진 남편」의 10장,「부르주아 귀족」의 3막 10장에서도 아주 뛰어난 예를 볼 수 있다.

29 몰리에르의 희극(1668). 시정과 환상, 아이러니가 가득한 작품. 주피터와 머큐리가 앙피트리옹과 소지의 모습으로 등장해 그들의 부인인 알크멘과 클레앙티스를 헷갈리게 하면서 오해로 인한 주인과 하인 부부의 대구가 끊임없이 이어진다. 주변 인물들을 당혹하게 만들 뿐만 아니라 앙피트리옹과 소지 자신에게까지 스스로에 대한 깊은 의문을 품게 한다.

30 Julius Roderich Benedix(1811~1873). 독일의 작가, 극작가.

복 기법이 자연스러워 보인다. 모든 등장인물은 저마다의 길을 간다. 그런데 이렇게 묵묵히 자신의 길을 가면서도 불가피하게 똑같이 서로 얽히면서 같은 상황이 되풀이되는 것이다. 이렇게 본다면 상황 희극은 성격희극과 그다지 다르지 않다. 만일 고전 예술이 원인에서 비롯되지 않는 결과는 보여주지 않는 것이 사실이라면, 상황 희극은 고전 예술이라고 불리기에 손색이 없다.

2. **역전** ─ 이 두번째 방법은 첫번째 방법과 아주 유사하기 때문에 그 구체적 사례를 살펴보기보다 간단히 정의만 하고 넘어가려고 한다. 등장인물들이 어떤 상황에 놓여 있다고 가정해보자. 그런 다음 그 상황을 뒤집어보라. 역할이 바뀌게 되면서 희극적 장면을 얻을 수 있을 것이다. 「페리숑씨의 여행」[31]에 나오는 인명 구조 작업의 겹침이 이에 속한다. 대칭적인 두 장면이 굳이 우리 앞에서 다 공연되어야 할 필요도 없다. 작가는, 우리가 다른 하나를 머릿속에 떠올리고 있다는 확신만 있다면, 나머지 하나만 우리에게 제시하면 된다. 이렇게 해서 우리는 판사에게 설교하는 피의자나, 부모를 가르치려 드는 아이, 결국 '역전된 세계'라고 하는 것에 대해 웃는다.

---

31 라비슈의 희극. 68쪽의 주50 참조.

희극에서 우리는 종종 자기 자신이 친 그물에 걸려드는 사람을 본다. 자신이 가하는 박해의 희생자가 바로 자기 자신인 경우나, 속임수를 당한 사기꾼의 이야기는 많은 희극의 소재가 된다. 중세의 익살극에서도 이미 사용되던 수법이다. 변호사 파틀랭[32]은 자신의 의뢰인에게 판사를 속일 수 있는 계략을 가르쳐준다. 그런데 의뢰인은 이 계략을 이용해 변호사 수임료를 지불하지 않으려고 한다. 잔소리가 심한 아내가 남편에게 집 안의 자질구레한 일 전부를 하라고 요구하고는, 해야 할 일거리 하나하나를 '목록'으로 작성해 두었다. 그런데 그녀가 큰 물통에 빠지자 남편은 구해주기를 거부하면서 말한다. "목록에 없는데." 근대 문학은 도둑맞은 도둑의 주제를 상당히 다양하게 다룬다. 어떤 이야기든 항상 역할의 전도가 있고, 애써 일을 벌이고도 그 일 때문에 곤혹을 치르는 인물이 등장한다.

이미 앞에서 몇 가지 구체적인 적용 사례를 통해 제시했던 법칙이 이제 여기에서 확인될 수 있을 것 같다. 어떤 희극적인 장면이 자주 반복되다 보면 '계열'이나 전형의 단계에 이르게 된다. 그리하여 그 장면은, 우리를 즐겁게 한

---

32 1464년경 익명의 작가가 쓴 「변호사 파틀랭의 웃기는 이야기Farce de maître Pathelin」의 주인공. 수입이 변변치 않고, 약삭빠르며, 사기성이 농후한 변호사.

원인이 무엇인지와 관계없이, 그 자체로서 재미있는 것이 되어버린다. 마찬가지로 이론상으로는 전혀 희극적이지 않은 새로운 장면들이 이러한 전형과 어떤 점에서 비슷하기만 하면, 우리를 즐겁게 할 수도 있다. 그런 여러 가지 장면은 우리가 우스꽝스러운 것으로 알고 있는 그 어떤 이미지를 다소 막연하게나마 우리 마음속에 환기시켜준다. 그러면 이 새로운 장면들도 하나의 유형으로 분류된다. 즉 누구나 아는 희극성의 전형이 되는 것이다. '도둑맞은 도둑' 장면이 좋은 예다. 이 장면은 무수히 많은 다른 장면에까지 희극성이 퍼지게 한다. 그리하여 결국 '도둑맞은 도둑' 장면은, 그 실수나 재난이 어떤 것이든, 자신의 잘못으로 자초하는 모든 불상사를 우스꽝스럽게 만든다. 아니, 이러한 재난에 대한 암시나 그것을 환기시키는 말 한마디로도 충분히 우스꽝스럽다. "네가 원했잖아, 조르주 당댕,"[33] 이 한마디는 이 말에 결합되어 있는 희극적 반향이 없다면 결코 재미있지 않을 것이다.

3. **사건들의 간섭** —— 지금까지 반복과 역전에 관해서 충분히 얘기했다. 이젠 **사건들의 간섭**에 대해 고찰할 차례다. 이 희극적 효과는 공식을 이끌어내기가 어려운데, 그 이유

---

33 몰리에르의 발레 희극 「조르주 당댕」에 나오는 대사.

는 연극 무대에서 놀랍도록 다양한 형태가 나타나기 때문이다. 아마도 다음과 같이 정의해볼 수 있다. **어떤 상황이 아무 상관 없는 두 사건에 함께 얽혀 있으면서 동시에 아주 다른 두 의미로 해석될 수 있을 때, 이는 희극적 상황이다.**

이 정의에 따르면, 즉시 우리 머리에 **착각**[34]이 떠오를 것이다. 실제로 '착각'이란 두 가지 다른 의미가 동시에 제시되는 상황이다. 하나는 배우가 상상하는 가능성이고, 다른 하나는 관중이 인정하는 실상이다. 작가는 관중에게 모든 정황을 보여주고자 세심하게 배려했기에 우리는 상황을 제대로 파악한다. 그러나 배우는 자신과 관련된 단 하나의 측면밖에 모른다. 따라서 그들은 주변 인물들뿐 아니라 자신들의 행위에 대해서도 제대로 알지 못하고 그릇된 판단을 하게 된다. 이제 잘못된 판단과 올바른 판단을 검토해보자. 즉 가능한 의미와 진짜 의미 사이를 비교해보는 것이다. '착각'이 재미있는 이유는, 우선 대립된 두 판단 사이를 배회하면서 우리의 생각이 흔들리기 때문이다. 일부 철학자들은 바로 이러한 흔들림에 주목했고, 그중 몇 명은 서로 대립하는 두 판단의 충돌 혹은 중첩에 희극성의 본질이 있다고 규정했다. 하지만 이러한 희극성의 정의가 모든 경우에 들어맞지는 않는다. 설사 그렇다고 해도 그런 정의는 다소 막연

---

34 43쪽의 주13 참조.

한 희극적 효과 중 하나에 적용될 뿐 희극성의 원리를 밝혀주지 못한다. 사실상 연극에서의 '착각'은 서로 무관한 사건들이 상호 간섭하여 생기는 것으로, 일반적 현상 가운데 보이는 독특한 경우에 불과하다는 것을 누구나 다 안다. '착각' 자체는 우스운 것이 아니다. 다만 사건과 사건이 뒤얽힌다는 **증표**로서 웃기는 것이다. 이 또한 자명한 사실이다.

'착각' 장면에서 등장인물은 모두 자신과 연관된 사건에 깊이 관여하면서, 사건을 정확하게 대변하고, 자신의 말과 행동을 적절히 조정한다. 등장인물 한 사람, 한 사람과 관련된 사건들은 제각각 독자적으로 전개되어간다. 그러다가 어느 순간, 여러 사건 중 하나에 해당되던 행동과 말이 다른 사건에도 들어맞게 되면서, 서로 독자적으로 전개되던 사건과 사건이 부딪치게 된다. 여기에서 등장인물의 '착각'과 헷갈림이 나오는 것이다. 그러나 이러한 헷갈림 자체가 희극적이라기보다, 아무 상관 없는 두 사건의 일치가 이 헷갈림에서 보이기 때문에 희극적이 된다. 희극 작가가 이 표리부동한 현상, 즉 독립성과 일치에 대해 관객의 관심을 끌려고 부단히 애쓴다는 점이 그 증거다. 작가는 두 사건이 일치하면서도 언제든 분리될 수 있을 것처럼 조마조마하게 하면서 관객의 관심을 붙들어두는 데 성공한다. 매 순간 모든 게 무너질 듯하다가 다시 제자리를 찾는다. 우리가 웃는 것은 바로 이 유희 때문이지, 대립되는 두 표현 사이에서 우리의 정신이 오락가락하기 때문이 아니다. 희극적 효과를 자아내는 진정한 원천, 즉 독립되어 있어 상관없는 두 사건의 간섭 현상이 우리 눈에 뚜렷해지기 때문에 웃는 것이다.

따라서 '착각'은 특별한 경우에 지나지 않는다. 그것은 사건과 사건의 간섭을 보여주는 여러 가지 방법 중 하나(아마도 가장 인위적인 방법)이지, 유일한 방법은 아니다. 동시대에 벌어지는 두 사건이 아니라 과거의 사건과 현재의 사건이 우리의 상상력 속에서 뒤얽히게 되면, '착각' 장면은 일어나지 않더라도 동일한 희극적 효과는 여전히 나올 것이다. 시용 성[35]에 갇힌 보니바르[36]를 생각해보자. 이것이 첫번째 등장하는 이야기다. 그리고 스위스를 여행하다가 체포되어 투옥된 타르타랭을 떠올려보자. 이것이 첫번째와는 상관없는 두번째 이야기다. 이제 보니바르에게 채워졌던 바로 그 사슬에 타르타랭이 묶여 있다고 가정하여 두 이야기를 잠시 일치시켜보자. 결과는 도데[37]의 공상이 그려낸 최고로

35 중세기 스위스 레만 호숫가에 지어진 아름다운 성으로 14세기 중반부터 감옥으로 사용되었다.
36 François Bonivard(1493~1570). 스위스의 애국지사. 사부아 공작인 샤를 3세에 대항하여 제네바의 독립을 옹호하다가 시용 성에 투옥된 적이 있다. 바이런은 「시용의 죄수The Prisoner of Chillon」에서 그를 불멸의 존재로 노래하기도 했다.
37 50쪽의 주16을 참조하라.

재미있는 장면이 된다. 영웅적이면서도 희극적인 사건들은 이런 식으로 분석될 수 있을 것이다. 옛것을 현대화하면 대체로 웃기는 이야기가 되기 마련인데, 이는 '상관없는 두 사건의 간섭'을 활용하기 때문이다.

라비슈는 갖가지 형태로 이 수법을 구사했다. 때로는 관계없는 사건들을 여럿 만들어서 신나게 서로 뒤얽히게 한다. 예컨대 결혼 피로연과 같은 하나의 폐쇄된 집단을 소재로 삼은 다음, 묘한 우연으로 한순간에 엮이게 된 전혀 낯선 환경 속에 집어넣어버린다. 때로는 연극 전체를 통해 단 하나의 동일한 등장인물 그룹을 유지하는 경우도 있다. 그러고는 이들 중 몇 사람에게 간직해야 할 비밀을 부여하여 그들끼리 의기투합하지 않으면 안 되도록 함으로써, 결국 희극 안에서 작은 희극을 상연하도록 한다. 매 순간 두 희극 중 하나가 다른 하나를 망쳐버릴 듯하다가, 끝내 모두 제자리를 찾아 문제가 해결된다. 라비슈는 간혹 실제의 사건에 상상적인 사건을 몇몇 끼워 넣기도 한다. 예를 들면 감추고 싶어 하는 과거 사건이 끊임없이 현재에 끼어든다. 그때마다 등장인물은 과거와, 과거로 인해 엉망진창이 될 것 같은 현재 상황을 잘 타협시킨다. 이 경우에도 서로 무관한 두 사실이 부분적으로만 일치한다는 것을 우리는 잘 안다.

통속 희극의 여러 기법에 대한 지금까지의 분석에서 더 깊이 들어가지는 않을 것이다. 여러 사건의 얽힘이든, 역전 혹은 반복이든 간에 통속 희극에서 사용되는 기법의 목표는 늘 동일하다는 것을 우리는 안다. 즉 앞에서 언급한 바 있는 '**기계화**'된 삶을 목표로 하는 것이다. 하나의 체계를 이루는 행위나 관계를 택해서 그대로 반복하거나 앞뒤로 뒤집어보라. 또는 부분적으로 일치하기도 하는 또 다른 체계 속에 통째로 옮겨놓고 보라. 이러한 시도는 삶을 반복 작동하는 기계장치로 다루는 것으로, 결과도 뒤집을 수 있고 부분적 상호 교환도 가능해진다. 만약 실제 삶에서 이런 일이 자연스럽게 일어난다면, 또 그것이 삶이라는 사실도 잊어버릴 정도가 된다면, 그것에 정확하게 비례하여 삶은 통속 희극이 되어버린다. 반면 진정한 삶이란, 끊임없이 이런저런 일이 이어져 시간의 흐름 속에서 돌이킬 수 없는 방향으로 나아가며, 분리되지 않는 유일성이다. 그러므로 사건의 희극성은 상황에 대한 방심 상태에서 나오는 것으로 정의될 수 있다. 이것은 우리가 앞에서 개개인의 성격적 희극성이 언제나 자아의 어떤 근원적인 방심 상태에서 기인한다고 설명한 것과 일맥상통한다. 이에 대해서는 앞으로 더 자세히 다룰 것이다. 그러나 상황에 대한 이러한 방심 상태는 예외적이며, 그 결과 또한 아주 미미하다. 그리고 여하한 경우에도 교정이 불가능하기 때문에 그것을 보고 웃는다고 해서 어떤 효용이 있는 것도 아니다. 그러므로 웃음이 즐겁지 않다면, 또한 웃기기 위하여 아주 사소한 기회라도 잡으려고 하지 않는다면, 방심 상태를 부풀려 체계화하고 예술화하려는 시도는 하지 않을 것이다.

통속 희극은 이렇게 설명된다. 즉 통속 희극과 실생활의 관계는 실로 조종되는 꼭두각시와 스스로 걸어 다니는 사람의 관계와 같다. 통속 희극은 사물이 지니는 본원적인 경직성을 매우 인위적으로 과장한다. 통속 희극과 실제 삶을 잇는 끈은 아주 취약하다. 통속 희극은 다른 모든 놀이와 마찬가지로 이미 정해진 관례를 따르는 하나의 놀이에 지나지 않는다. 한편 성격희극은 그 뿌리가 삶에 있는데, 그것도 아주 깊이 박혀 있다. 이 점에 대해서는 우리 연구의 마지막 부분에서 다룰 것이다. 그에 앞서 통속 희극에서 볼 수 있는 희극성과 여러 면에서 유사한 말의 희극성을 분석해보자.

2. 말의 희극성

말의 희극성을 하나의 특별한 범주로 설정하는 것은 약간 부자연스럽게 보일 수 있다. 지금까지 살펴본 희극적 효과 역시 언어를 매개로 해서 생겨나는 것이기 때문이다. 그러나 언어를 매개로 표현되는 희극성과 언어가 창조하는 희극성은 분명히 구분되어야 한다. 전자는 경우에 따라 다른 나라 말로 번역될 수 있다. 이 경우에는 풍속과 언어, 특히 생각의 연상 작용association d'idées이 생소한 다른 사회로 옮겨짐으로써 희극성이 내포하는 의미의 대부분을 잃게 될 위험을 물론 감수해야 한다. 하지만 후자는 보통 번역이 불가능하다. 희극성이 문장의 구조나 말의 선택에서 생겨나기 때문이다. 즉 저마다 독특한 방심 상태에 놓인 사람이나 갖가지 사건을 언어의 도움으로 드러내는 것이 아니라, 언어 자체에 깃들인 방심 상태를 강조하는 것이다. 언어 자체가 바로 희극적이 되는 것이다.

말이나 글이란 저절로 만들어지는 것이 아니다. 우리가 글을 읽으며 웃을 때는, 그 글을 쓴 저자 때문에도 웃을 수 있다. 그러나 꼭 저자 때문이라고 할 수는 없다. 왜냐하면 문장이나 어휘 자체에 독자적인 희극적 효력이 들어 있기 때문이다. 때때로 누군가로 인해 웃고 있음을 막연히 알면서도, 막상 누구 때문인지를 말하기는 쉽지 않은 경우가 많은데 이는 그 좋은 증거가 될 것이다.

또한 말하는 사람이 늘 웃음의 표적이 되는 것은 아니다. 여기서 우리는 **재치**le spirituel와 **희극적인 것**le comique을 분명히 구분해야 한다. 아마도 말을 한 그 사람이 웃길 때는 희극적이라 하고, 제3자나 우리 자신에 대해서 웃게 하는 말일 때는 재치 있다고 구분하는 듯하다. 그러나 대부분의 경우 희극적인지, 재치 있는 말인지를 판단하기는 쉽지 않다. 확실한 것은 그 말이 우스꽝스럽다는 사실이다.

따라서 더 나아가기 전에 재치의 의미를 좀더 면밀히 검토할 필요가 있다. 왜냐하면 재치 있는 말을 들으면 우리는 적어도 미소를 짓게 되는데, 그 본질을 깊이 들여다보고 개념을 밝히지 않는다면 웃음에 관한 연구가 완전할 수 없기 때문이다. 그런데 이렇듯 아주 어슴푸레한 본질에 밝은 빛이 비추면, 본질이 분해되어버리지나 않을까 하는 염려도 없지 않다.

우선 넓은 의미의 재치와 좁은 의미의 재치를 구분해보자. 가장 넓게는 **연극적** 사고방식을 재치라고 할 수 있다. 재치 있는 사람은 머릿속에 떠오르는 이런저런 생각을 별 상관없는 상징의 무리로 다루지 않는다. 생각을 꿰뚫어 보고 귀 기울이며 특히 사람이 대화하듯이 생각들끼리 서로 대화를 주고받도록 한다. 자기의 생각을 무대에 올려보기도 하고, 가끔은 자기 자신이 등장인물이 되기도 한다. 재치 있는 국민은 또한 연극에 열중하는 국민이다. 우수한 독자에게 배우의 소질이 엿보이듯이 재치 있는 사람은 시인 같은 데가 있다. 이렇게 의도적으로 비교하는 이유는 이들 사이에는 비례적 관계가 쉽게 성립되기 때문이다. 배우가 작품을 잘 읽고 이해하기 위해서는 지적 능력만 있으면 충분하지만, 연기를 잘하기 위해서는 몸과 마음을 송두리째 바쳐야 한다. 마찬가지로 시詩 창작도 어느 정도 무아의 경지를 요구하는데, 재치 있는 사람은 시인의 경지에는 이르지 못하고 말과 행동의 이면에서 기웃거릴 뿐이다. 재치는 지성만으로 충분히 드러낼 수 있는 것이어서 자신을 망각할 정도로 완전히 몰입하지는 않기 때문이다.

그러므로 모든 시인은 자신이 원할 때면 재치 있는 사람으로서의 면모를 보여줄 수 있을 것이다. 그러기 위해서 시인이 뭔가를 새로 갖춰야 할 필요는 없다. 오히려 잃어버려야만 한다. 자신의 생각을 '아무 목적 없이 순전히 재미를 위해' 서로 대화하도록 내버려 두는 것으로 충분하다. 생각과 감정, 그리고 영혼과 삶 사이에 활발한 교류가 이루어지게 하는 이중의 끈을 느슨하게 풀면 된다. 요컨대 시인이 혼신의 힘을 기울이는 대신 머리로만 시를 쓰고자 한다면 그는 한낱 재치 있는 사람이 되어버릴 것이다.

세상을 **연극적으로**sub specie theatri 보는 눈이 재치라면, 재치는 또한 극예술의 하나인 희극과 각별히 가까울 수 있다는 생각이 든다. 여기에 좀더 좁은 의미의 재치가 있다. 재치의 이 좁은 의미만이 웃음에 관한 이론 전개의 관점에서 우리의 흥미를 끈다. 이제 우리는 재미있는 장면을 무심히 툭 묘사할 때, 아주 넌지시, 가볍고 재빨리 묘사하기 때문에, 다 끝나고 나서야 겨우 알아차릴 정도로 미묘하게 묘사할 때 그것을 **재치**라고 부른다.

이런 장면에 등장하는 배우는 어떤 사람들인가? 재치 있는 사람은 누구를 상대하는가? 우선은 마주 보고 이야기하는 대화 상대인 경우가 있다. 대화 상대자 중 한 사람에게 직접 재치 있는 말로 대꾸하는 것이다. 현장에 없는 사람을 상대하는 경우도 자주 있다. 이는 부재자가 어떤 말을 했고, 그 말에 대해 재치 있는 사람이 대답하는 경우다. 하지만 많은 경우 재치 있는 사람은 일반인, 즉 상식을 대상으로 삼는다. 일반적인 견해를 역설로 바꾸거나, 상투적인 문구를 활용하는가 하면, 알려진 인용구나 속담을 우스꽝스러운 말로 개작하기도 한다. 이 소소한 장면을 놓고 서로 비교해보면 이들은 익히 알려진 희극의 주제 '도둑맞은 도둑'의 변형인 경우가 많다는 것을 알 수 있다. 말하자면 어떤 비유나 표현, 추론을 골라서 그런 말을 하거나 할 법한 사람에게 공격의 화살을 쏘는 것이다. 결국 원하지도 않는 말을 당사자가 내뱉도록 하여, 그들 스스로가 말의 덫에 걸리도록 하는 것이다. 그런데 '도둑맞은 도둑'의 주제만 있는 것은 아니다. 지금까지 검토해본 갖가지 종류의 희극성 중에서 재치 있는 말로 다듬어질 수 없는 것은 하나도 없다.

그러므로 재치 있는 말은 분석이 가능하며 말의 제조 공식도 제시해볼 수 있다. 그것은 다음과 같다. 재치 있는 말을 선택하여 우선 무대에 올려 살을 붙인 다음, 이 장면에 해당하는 희극성의 범주가 무엇인가를 찾는다. 그런 다음 재치 있는 말을 가장 단순한 요소로 축약시켜보면, 재치에 대해 완벽하게 이해하게 될 것이다.

예를 들어 이러한 방식을 고전주의 문학에 적용해보자. "나는 네 가슴이 아프구나J'ai mal à votre poitrine"라고 세비네 부인[38]이 아픈 딸에게 보내는 편지에서 말한다. 이는 물론 재치 있는 말이다. 우리 이론이 틀리지 않다면 이 말을 키우고 말에 살을 붙여 희극적인 장면으로 펼쳐 보기만 하면 된다. 바로 이렇게 만들어진 장면이 몰리에르의 「사랑이라

---

38 Marie de Rabutin-Chantal Sévigné(1626~1696). 프랑스의 서간문 작가. 시골에 사는 딸 그리냥 부인Madame de Grignan에게 보낸 수많은 편지글은 고전주의 문학의 걸작으로 평가받는다.

는 의사」에 나온다. 의사로 위장한 클리탕드르가 스가나렐의 딸을 진찰하도록 불려 왔다. 그는 아버지 스가나렐의 맥박만 한 번 짚어보고는 아버지와 딸 사이에 있게 마련인 공감에 근거하여 주저 없이 다음과 같이 결론을 내린다. "따님이 위중합니다!"[39] 여기서 우리는 재치가 희극적인 것으로 바뀌는 것을 본다. 우리의 분석을 끝내려면 진찰은 부모에게 하고, 처방은 아이에게 내리는 생각에 깔려 있는 희극적인 요소가 무엇인지를 찾아야 한다. 살아 있는 사람을 마디마디로 연결된 꼭두각시로 보여주는 것이 희극적 상상력의 중요한 형태들 중 하나임을 우리는 안다. 말하고 행동하는 사람 둘 혹은 여럿이 마치 보이지 않는 끈으로 서로 연결되어 있는 것처럼 제시되어 꼭두각시의 이미지를 만드는 것이다. 딸과 아버지 사이에 있음 직한 공감을 우리에게 분명히 느끼도록 하면서 작가가 암시하는 것도 바로 이러한 생각이 아니겠는가?

재치 문제를 다루었던 작가들이 재치를 정의하는 데 보통 성공하지 못하는 이유가 이제 이해될 것이다. 그들은 재치라는 용어가 나타내는 상당히 복잡한 상황을 지적하는 데 그칠 뿐이다. 재치의 성공 방식은 재치에 실패하는 경우만큼이나 많다. 그 많은 재치의 방법을 관통하는 공통점을 찾

39 3막 5장에 나오는 장면.

아내려면, 우선 재치와 희극성 사이의 일반적인 관계를 규정해야 한다. 일단, 이 관계가 밝혀지면 모든 것이 분명해진다. 그렇게 되면 희극적인 것과 재치의 관계가, 이미 공연된 장면과 곧 공연될 장면에 대한 어렴풋한 암시의 관계와 같음을 알게 된다. 또한 희극성의 형태가 다양한 만큼, 재치도 그에 상응하는 다양한 형태가 있게 마련이다. 따라서 우선 갖가지 형태를 띠는 희극성을 정의해야 한다. 이는 물론 상당히 어려운 작업이긴 하지만, 그 갖가지 형태를 하나로 연결해주는 끈도 찾아야 한다. 그러한 과정에서 재치는 분석될 것이고, 재치란 기화氣化된 희극성[40]일 뿐이라는 사실을 알게 된다. 만약 거꾸로 재치의 공식을 직접 찾으려다가는 틀림없이 실패하게 된다. 만일 어느 화학자가 실험 재료들을 연구실에 온통 쌓아두고는 대기 중에 있는 최소 입자를 연구하겠다고 한다면 이 얼마나 뚱딴지같은 노릇인가?

재치와 희극성을 이렇게 비교해보면, 말의 희극성에 관하여 연구하는 방법도 알 수 있다. 실제로 희극적인 말과 재치 있는 말은 본질적으로 차이가 없다고 볼 수 있다. 또한 재치 있는 말은 비록 언어의 형태에 연결되어 있기는 하지만, 희극적 장면의 이미지를 막연하게든 분명하게든 불러일

---

40 재치란 '말에 살을 붙였던 대부분의 요소가 공기 속으로 날아가버린 volatilisé' 희극성이다.

으켜준다. 이것은 언어의 희극성이 행위나 상황의 희극성에 정확하게 일치한다는 뜻이다. 즉 언어의 희극성은 행위나 상황의 희극성이 말의 차원에 투사된 것에 불과하다. 그러므로 행위와 상황의 희극성으로 다시 돌아가, 그러한 희극성을 낳는 주된 수법이 무엇인지를 고찰해보자. 또한 어휘의 선택이나 문장 구성에서도 이 방식을 적용해보자. 희극성의 갖가지 형태뿐 아니라 재치의 다양한 모습도 엿볼 수 있을 것이다.

1. 생각지도 않은 말이나 행동을 경직성이나 타성에 젖어 무심결에 하는 것은, 잘 알다시피 희극성을 낳는 중요한 원천의 하나다. 바로 그렇기 때문에 방심 상태는 본질적으로 우스꽝스러운 것이다. 몸짓이나 태도, 얼굴 표정에서 경직된 것, 틀에 박힌 것, 요컨대 기계적인 것이 보이면 웃는 것도 마찬가지 이유다. 이러한 종류의 경직성이 언어에도 있는 것일까? 물론이다. 틀에 박힌 문구와 상투적인 문장이 그러하다. 늘 틀에 박힌 말을 하는 사람은 어김없이 희극적일 것이다. 그러나 말한 사람과 상관없이 독자적인 문구 그 자체가 희극적이 되기 위해서는 틀에 박힌 문구라는 것만으로는 부족하다. 자동적으로 입에서 튀어나왔다는 것을 우리가 대번에 알 수 있게끔 표시가 나는 문구라야 한다. 터무니없는 실수 때문이든 모순된 용어 사용 때문이든 불합리한

점이 확실히 나타나는 문장이라야 가능하다. 그래야 다음과 같은 일반 규칙이 나온다. **관용구의 틀에 부조리한 생각을 삽입하면 희극적인 말이 된다.**

"이 검劍은 내 생애 최고의 날이다"라고 프뤼돔 씨[41]가 말했다. 프랑스어로는 희극적인 이 말이 영어나 독일어로 옮겨놓으면 엉뚱한 말로 들릴 수 있다. 그것은 '내 생애 최고의 날le plus beau jour de ma vie'이라는 표현[42]이 프랑스인에게는 아주 익숙한 관용구의 하나이기 때문이다. 그러므로 말하는 사람의 자동주의를 명백히 드러내기만 하면 그 말은 희극적이 된다. 즉 희극적이 되기 위해서는 그 말에 불합리성을 삽입하기만 하면 된다. 이 경우 불합리성은 희극성의 원천이라기보다 우리에게 희극성을 드러내 보여주는 아주 간단하고 효과적인 하나의 방법에 불과하다.

---

41 Joseph Prudhomme. 프랑스의 극작가이자 만화가인 앙리 모니에Henri Monnier(1799~1877)의 작품 「프뤼돔 씨의 영욕Grandeur et décadence de M. Joseph Prudhomme」(1852), 「프뤼돔 씨의 회상록Mémoires de M. Joseph Prudhomme」(1857)에 나오는 주인공. 프랑스 부르주아의 영원한 화신.

42 이 표현은 날씨와는 상관없이 기억에 남는 가장 아름답고 행복한 날이나 일을 나타낼 때 쓰는 표현이다. 그러므로 위 인용된 문장에 깃든 희극성은 가장 행복한 순간을 표현할 때 쓰는 관용구와 날카로운 무기인 칼을 접목시킨 불합리성에 있는 것이다. 위의 문장을 의역하면 "이 검劍은 내게 최상의 행복을 가져다주는 선물이다"가 된다.

우리는 프뤼돔 씨의 말 한마디만 인용했지만, 그가 한 말의 대부분은 동일한 유형을 따른다. 프뤼돔 씨는 관용구를 즐겨 쓰는 사람으로 그의 말은 옮기기가 쉽지 않다. 그러나 어느 나라 말에나 관용구는 있으므로 개괄적으로 다른 나라 말로 바꾸어놓을 수는 있다.

때때로 평범한 문장에 불합리성이 슬그머니 끼어들어 좀더 알아차리기 어려운 경우도 있다. 한 게으름뱅이가 "끼니 사이에는 일하고 싶지 않아"라고 말했다. 만일 건강에 관한 다음과 같은 유익한 계율이 없다면 이 말은 재미있는 표현이 아닐 것이다. "끼니 사이에는 아무것도 먹지 말아야 한다."

희극적 효과는 가끔 복잡해지는 경우도 있다. 상투적 문구의 틀이 하나가 아니라 두세 개가 결합되어 있는 경우다. 라비슈 작품 가운데 한 인물의 말을 예로 들어보자. "자기 동족을 죽일 권리를 가진 자는 오직 신뿐이다." 이 문장은 우리에게 친숙한 두 명제를 이용한 것처럼 보인다. 하나는 '인간의 삶을 주재하는 것은 신'이라는 것이고, 다른 하나는 '사람이 자기 동족을 죽이는 것은 죄'라는 것이다. 그런데 이 두 명제가 우리의 귀를 속이면서 사람들이 늘 반복하고 기계적으로 받아들이는 문구들 중 하나인 듯한 인상을 주게끔 결합되어 있다. 그리하여 우리의 주의력은 비몽사몽 상태에 있다가 말의 부조리함을 느끼는 순간 깨어난다.

지금까지 든 몇 가지 예는 희극성의 가장 중요한 형태 중 하나[43]가 언어의 차원에 어떻게 투사되고 단순화되어 나타나는가를 보여주기에 충분하다. 이제는 그다지 보편적이라고 할 수 없는 형태로 넘어가보자.

2. "문제의 초점은 정신에 있는데, 관심을 신체로 쏠리게 하면 그때마다 우리는 웃게 된다." 이는 앞서 첫 장에서 설정된 법칙이었다. 이를 언어에 적용해보자. 대부분의 말은 본뜻인지 혹은 비유적 뜻인지에 따라 **물리적인**physique 의미를 나타내기도 하고, **정신적인**moral 의미를 나타내기도 한다고 말할 수 있다. 모든 말은 구체적 대상이나 물질적 행위를 가리키는 것으로부터 시작한다. 그러나 말의 의미가 조금씩 정신적으로 변환하면서 추상적인 관계 혹은 순수 관념이 될 수 있다. 그러므로 이 경우에도 우리가 설정한 법칙이 여전히 유효하다면, 다음과 같이 말할 수 있을 것이다. **어떤 표현이 비유적으로 사용되었는데도 본래의 의미로 이해한 척할 때 희극적 효과가 생긴다. 즉 다시 말해서 은유의 물리적 측면에 주의를 쏠리게 하면 비유적 의미로 표현되었던 개념은 희극적이 된다.**

"모든 예술은 형제이다"라는 문장에서 '형제'라는 말은

---

43 자동주의automatisme를 말한다.

다소 차이는 있으나 서로 간에 깊은 유사성을 나타내기 위해 은유적으로 사용되었다. 또한 이런 의미로 자주 쓰인 까닭에, 이 말을 들을 때 우리는 혈육에 담긴 구체적이고 물리적인 관계를 생각하지는 않는다. 그러나 만일 누가 "모든 예술은 사촌이다"라고 말했다고 하자. 이 경우에는 혈족이라는 물리적 관계가 더욱 분명히 머리에 떠오를 것이다. 왜냐하면 '사촌'이라는 말은 비유적인 의미로 덜 사용되기 때문이다. 따라서 이 말은 살짝 희극적인 뉘앙스를 풍기게 된다. 더 심한 경우를 가정해보자. 은유로서 예를 든 혈족 명사의 성이 주어에 해당하는 어휘와 문법적으로 일치되지 않을 경우, 이 점에 치중하여 형식적인 면에 집착한다면 우스꽝스러운 표현으로 보일 것이다. 역시 프뤼돔 씨의 아주 유명한 다음 말을 보라. "모든 예술은 자매이다."[44]

"그 작자는 어지간히 잘난 척하더군Il court après l'esprit."[45] 어느 거드름 피우는 사람에 대해 누군가가 부플레르에게 이렇게 말했다. 만일 부플레르[46]가 "그는 재치를 따라잡진 못

---

44 프랑스어의 모든 명사는 남성과 여성으로 구분된다. 예술art은 남성명사이고, 자매sœur는 여성명사이다.

45 직역하면 "그는 재치의 뒤꽁무니를 쫓아다닌다"가 된다. 'courir'는 '뛰다'라는 의미이며, '경주하다'라는 의미로도 사용된다.

46 Stanislas Jean de Boufflers(1738~1815). 프랑스의 시인. 군인이었으며 세네갈의 총독까지 지냈다. 가벼운 시와 콩트로 유명하다.

할걸Il ne l'attrapera pas"이라고 대답했다면, 이 말은 재치 있는 말 축에 겨우 끼는 수준에 머물렀을 것이다. 그야말로 아주 초보적인 재치에 가까스로 그칠 뿐이다. 이는 '따라잡다 attraper'라는 말도 '달리다courir'라는 말과 똑같이 자주 비유적인 의미로 사용되기에, 앞서고 뒤쫓는 두 경주자의 이미지를 구체적으로 보여주지 않기 때문이다. 말대꾸가 정말 재치 있게 보이려면, 운동경기 용어 중에서 아주 구체적이고 생생한 표현을 빌려서 사람들이 진짜 경주를 구경하는 느낌이 들게 해야 한다. 부플레르의 대꾸가 바로 그런 식이다. "나는 재치에 내기를 걸겠네Je parie pour l'esprit."

재치는 대개의 경우 대화 상대방의 생각을 더 밀고 나가면서, 급기야는 상대방이 애초에 마음먹었던 생각의 정반대를 말하는 결과가 되도록 한다는 것, 우리는 이미 이를 지적한 바 있다. 말하자면 제 자신이 한 말의 덫에 스스로 걸려들게 하는 것이다. 한 가지 덧붙이자면, 이러한 말의 덫은 은유나 비유를 말한 사람의 의도와 다르게 사용된 말의 구체적인 측면이 표면에 떠오름으로써 이루어진다. 「위선자들Les Faux Bonshommes」[47]에 나오는 어머니와 아들의 대화를 떠올려보자. "얘야, 증권 거래는 아주 위험하단다. 하루 벌

---

[47] 프랑스의 극작가 바리에르Théodore Barrière(1823~1877)가 카팡뒤 Ernest Capendu(1825~1868)와 같이 쓴 작품.

면 다음 날은 잃게 마련이야. ─ 그러면 이틀에 한 번만 하죠 뭐." 동일 작품에서 금융업자 둘이 교훈적인 대화를 나눈다. "우리가 하는 일이 정말 정당한 걸까? 결국 우리는 불쌍한 주주들의 호주머니에서 돈을 우려내고 있잖아. ─ 아니, 그러면 자넨 호주머니 말고 어디서 돈을 빼내길 원하는가?"

어떤 상징이나 문장紋章에서 그것이 내포하는 진짜 의미가 아니라 그 구체적 형태에 집중해보자. 그리고 이렇게 발전시킨 구체적 형태에도 원래와 똑같이 상징적인 가치가 있는 것처럼 가장할 때 희극적인 효과가 생긴다. 아주 유쾌한 통속 희극에 모나코의 어떤 관리가 온통 훈장으로 뒤덮인 제복을 입고 등장한다. 실제로 그는 단 한 개의 훈장을 받았을 뿐인데 다음과 같이 말한다. "이렇게 된 이유인즉슨, 내 훈장을 룰렛 놀이[48]의 한 번호에 걸었는데, 마침 그 번호가 맞아서 내 몫의 36배를 타게 된 거라오." 「철면피들Les Effrontés」[49]에 나오는 지부아예의 추론도 이와 비슷하다. 마흔 살 먹은 신부가 웨딩드레스에 오렌지 나무 꽃을 달고 나타나자 수군거리는 사람들에게 지부아예는 다음과 같이 대꾸한다. "그녀도 오렌지를 달 권리는 있지요."[50]

---

48 원반에 구슬을 돌리는 도박의 일종이다.

49 프랑스의 극작가 오지에Émile Ausier(1820~1889)의 사회 희극(1861). 이 작품에서 오지에는 돈의 절대적 영향력, 해로움, 추함을 폭로한다.

50 오렌지꽃은 순결의 상징으로 신부가 결혼할 때 다는 꽃이다. 지부아

우리가 세운 법칙들을 하나씩 골라 언어의 차원에서 일일이 검증하는 일은 끝도 없을 것이다. 그보다는 바로 앞 장에서 제기했던 세 개의 일반 법칙에 국한하는 것이 낫겠다. '일련의 사건들'이 **반복**이나 **역전**, 때로는 **간섭**에 의해 희극적이 된다는 점을 우리는 앞에서 밝혔다. 이제 '일련의 말'에도 마찬가지인지 알아보자.

일련의 사건들이 새로운 분위기나 새로운 환경에서도 되풀이되거나, 여러 사건들이 서로 끼워 넣어졌는데도 여전히 하나의 의미만을 가질 경우, 혹은 갖가지 사건이 마구 섞여서 여러 의미가 얽히고설키면 희극적이 된다. 이 모두가 생명적인 것이 기계적인 방식으로 다루어지기 때문에 생기는 현상이다. 생각 역시 생명적인 것이다. 생각과 마찬가지로 생각을 표현하는 언어도 살아 있어야 한다. 따라서 어떤 문장이 순서가 바뀌었는데도 여전히 같은 뜻을 지니고 있으면 희극적이 된다. 또한 하나의 문장이 아무 상관도 없는 두 개의 사고 체계를 무심코 표현하는 경우에도 희극적이다. 어떤 개념이 어울리지 않는 엉뚱한 어조로 바뀌어 표현되는 문장도 희극적이 될 것이다. 이는 우리가 **언어의 희극적 변형**이라고 이름 붙일 수 있는바, 이에 관한 세 가지 기본 법칙이다. 이제 몇 가지 예를 들어 밝혀나가고자 한다.

예는 오렌지꽃에서 꽃은 빼버리고 오렌지만 언급한다.

우선 이 세 법칙은 희극성의 이론에서 동일한 중요성을 지니고 있지 않다는 점을 지적해두자. **역전**inversion은 셋 중에서 덜 흥미롭긴 하나 쉽게 적용될 수 있는 방법임에는 틀림없다. 이는 재담 전문가들이 어떤 말을 듣자마자 그 말을 뒤집어놓으면서도 앞뒤가 안 맞는 말이 아니라 여전히 뜻이 있는 말이 되게 할 수 있다고 생각하는 것만 봐도 짐작할 수 있다. 예를 들면 주체를 객체 자리에, 객체 자리에 주체를 가져다놓는 식이다. 다른 사람의 생각을 반박하기 위해 다소 익살스러운 말투로 이 방법을 사용하는 일이 드물지 않다. 라비슈의 한 희극에서 자기 집 발코니를 더럽히는 위층 사람에게 아래층 사람이 소리 지른다. "당신은 왜 내 테라스 위로 담뱃재를 터는 거요?" 이에 위층 사람은 이렇게 대꾸한다. "당신은 왜 테라스를 내 파이프 바로 밑에 두는 거요?" 이런 종류의 재치를 길게 늘어놓을 필요는 없을 것이다. 이런 예들은 얼마든지 쉽게 찾을 수 있다.

한 문장에다 아이디어 둘을 얽히게 하는 방법, 즉 '**간섭** interférence'을 사용하면 익살스러운 효과를 무궁무진하게 만들어낼 수 있다. 얽히게 하는, 즉 독립된 두 의미를 동일한 하나의 문장에 담아 두 의미가 서로 겹치게 하는 수법은 다양하다. 이러한 수법 중 가장 초보적인 것은 동음이의어에 의한 말장난이다. 이 경우, 하나의 같은 문장이 독립된 두 의미를 제시하는 것처럼 보인다. 그런데 이는 외양에 불과할 뿐 실제로는 상이한 어휘로 이루어진 두 개의 다른 문장이 있는 것이다. 다만 우리 귀에 똑같이 들린다는 이유로 둘을 혼동하는 척할 뿐이다. 이제 동음이의어에 의한 말장난에서 조금씩 진짜 말장난으로 나아가보자. 이 경우에는 두개의 사고 체계가 실제로 단 하나의 동일한 문장에 포함되어 있으며, 우리가 대하는 것도 똑같은 단어들이다. 이때 우리는 어떤 말이 본래의 의미에서 비유적인 의미로 바뀔 때지니게 되는, 의미의 다양성을 가지고 노는 것이다. 한편에는 말장난이 있고 다른 한편에는 시적 은유 혹은 교훈적인비유가 있는데, 이 둘 사이에는 아주 미묘한 차이가 있을 뿐이다. 효과적인 비유나 강렬한 이미지를 대할 때 우리는 표현이 사물을 절묘하게 잘 담아낸다는 느낌을 갖는다. 이때표현과 사물은 나란히 생명을 이루는 두 형식으로 간주된다. 반면에 말장난은 언어의 태만과 같은 것이다. 잠시 동안본연의 임무를 망각하고, 표현을 사물에 맞추지 않고, 사물을 언어 표현에 따르게 하려고 한다. 그러므로 말장난은 언어의 순간적인 **방심 상태**를 드러내 보이며, 그래서 재미있는것이다.

역전과 **간섭**은 요컨대 재치 놀이에 불과한 것으로, 결국말장난에 이르게 된다. **전환**transposition의 희극성은 좀더 깊이가 있다. 반복이 희극에서 중요한 기법이듯이, 전환은 일상어에서 중요한 역할을 한다.

반복répétition이 고전 희극에서 즐겨 사용되는 수법임은 이미 지적했다. 이는 여러 사건을 꾸며서 같은 장면이 되풀이되도록 하는 것이다. 때로는 새로운 상황에 처한 동일한 인물들 사이에서, 혹은 똑같은 상황에 놓인 새로운 인물들 사이에서 이루어진다. 이런 식으로 작가는 주인들이 이미 연기한 장면을 하인들로 하여금 되풀이하도록 하되, 하인에게 어울리는 비속한 언어로 말하게 한다. 이제 어떤 말이 표현도 적절하고 분위기에도 어울린다고 가정해보자. 그런데 우연한 계기로 동일한 생각을 다른 분위기 속에서 말하는 경우를 보자. 이런 식으로 같은 생각이 전혀 다른 어조와 말투로 바뀌어 표현되면, 여기에 희극성이 생긴다. 말하자면 언어 자체가 희극이다. 같은 생각의 두 가지 표현법, 즉 전이된 표현과 본래대로의 표현, 둘 다 우리에게 제시될 필요도 없다. 원래의 표현을 우리는 본능적으로 잘 알고 있기 때문에 희극성을 창조하기 위해서는 오직 전이된 표현에만 공을 들이면 된다. 전이된 표현이 제시되기만 하면 원래의 표현은 자연히 떠오르게 되는 것이다. 따라서 다음과 같은 일반 법칙을 이끌어낼 수 있다. **자연스럽게 있는 그대로 표현된 생각을 색다른 어조로 바꾸어 말하면 희극적 효과가 생긴다.**

전환의 방식은 너무나 많고 다양할뿐더러 전환을 표현하는 언어 역시 엄청나게 풍부한 어조의 변화를 제공한다.

그러므로 여기에서 희극성은 별 재미없는 익살에서부터 최고로 격이 높은 **유머**와 아이러니ironie에 이르기까지 천태만상이기 때문에 이 모두를 일일이 열거하지는 않겠다. 일단 법칙을 제시한 후 중요해 보이는 몇몇 전환의 사례를 확인해보는 것으로 충분하리라.

우선 극단적으로 다른 두 어조, 즉 엄숙한 말투와 속된 말투를 구별할 수 있다. 말투를 서로 바꾸기만 해도 아주 투박하나마 희극적 효과를 얻을 수 있다. 그리고 이로부터 희극적 상상력이 상반된 두 방향으로 펼쳐진다.

엄숙한 말을 속된 말투로 바꾸면 패러디가 된다. 패러디가 이렇게 정의된다면, 습관상 다른 어투로 해오던 말을 속된 말투로 한 경우도 패러디로 볼 수 있다. 장 파울[51]이 인용한 새벽하늘에 관한 묘사를 예로 들어보자. "하늘은 마치 익어가는 바닷가재처럼 검은색에서 붉은색으로 변하기 시작했다." 시적 후광으로 둘러싸인 고전적 옛이야기를 현대 생활 용어로 바꾸어 표현해도 마찬가지 효과를 얻는다.

---

51 본명은 Johann Paul Friedrich Richter(1763~1825). 독일의 소설가. 서정성, 음악성, 유머 넘치는 작품으로 독자에게 무한한 상상의 세계, 영원의 세계를 열어주었으며, 특히 슈만의 음악에 지대한 영향을 끼쳤다. 작품으로는 「마리아 부츠 선생의 즐거운 생애Leben des vergnügten Schulmeisterle ins Maria Wuz in Auenthal」(1790), 「헤스페루스Hesperus oder 45 Hundsposttage」(1795) 등이 있다.

일부 철학자들, 특히 알렉산더 베인[52]은 패러디의 희극성에 주목하고, 희극성 일반을 **퇴락**dégradation으로 정의했다. 그들은 "예전에는 존중되던 것이 보잘것없고 천한 것으로 제시될 때" 우스꽝스러움이 생긴다고 말한다. 그러나 우리의 분석이 정확하다면 퇴락은 전환의 한 형태일 뿐이며, 전환 자체도 웃음을 유발하는 하나의 방법에 불과하다. 다른 방법들도 많이 있으므로, 좀더 근원으로 들어가서 웃음의 원천이 탐구되어야 한다. 멀리 갈 필요 없이 엄숙에서 저속, 나은 것에서 나쁜 것으로의 전환이 희극적이라면, 그 반대 방향으로의 전환은 훨씬 더 희극적일 수 있다는 것을 쉽게 알 수 있다.

이 역으로의 전환 역시 퇴락으로 이루어지는 전환만큼이나 흔히 볼 수 있다. 그리고 그 전환이 어떤 대상의 **크기**에 관한 것인지, 아니면 **가치**에 영향을 미치는가에 따라서 두 개의 기본 형식을 구분할 수 있을 듯하다.

작은 물건을 큰 것처럼 말하는 것을 흔히 **과장**exagération이라고 한다. 과장이 길어지거나 특히 체계적일 때 희극적이

---

52 Alexander Bain(1818~1903). 스코틀랜드의 철학자이자 심리학자. 심리학을 경험과학으로 만들려고 시도했으며, 프랑스 실증주의 철학자 텐 Hippolyte Taine(1828~1893)에게 영향을 미쳤다. 저서로는 『감각과 지성 *The Senses and The Intellect*』(1855), 『감정과 의지 *The Emotions and The Will*』(1859) 등이 있다.

된다. 이 경우, 과장은 전환의 한 수법으로 보인다. 과장이 웃음을 유발하는 경우가 많다 보니 어떤 작가들은 희극성을 과장으로 정의했다. 이는 일부 작가들이 희극성을 퇴락으로 정의한 것과 비슷하다. 사실 과장은 퇴락과 마찬가지로 어떤 한 종류의 희극 형식에 불과하지만, 아주 놀라운 효과를 자아낸다. 약간 낡은 양식이긴 하나 영웅 희극héroï-comique은 과장으로부터 태어났다. 과장하려는 경향이 있는 사람들은 누구나 영웅 희극적인 면모를 보이게 마련이다. 흔히 허풍스럽게 호언장담하는 이들이 우리를 웃기는 것도 바로 이 영웅적이며 희극적인 측면 때문일 것이다.

좀더 인위적이긴 하지만 더 세련된 형태의 전환을 살펴보자. 이는 더 이상 크기가 아니라 가치 기준을 낮은 데서 높은 데로 바꾸는 것이다. 거짓을 정직으로 표현한다든가 저속한 상황이나 하급 직업 또는 비열한 행위를, 엄밀한 의미에서 **존경**respectability을 나타내는 어휘로 묘사한다면 이 모두는 희극성을 유발하게 된다. 우리는 방금 존경이란 단어를 영어로 썼는데, 그 이유는 이것이 참으로 영국적이기 때문이다. 디킨스[53]나 새커리[54]를 위시하여 영문학에서

---

53 Charles Dickens(1812~1870). 영국의 소설가. 작품으로는 『올리버 트위스트 *Oliver Twist*』(1837~1839), 『두 도시 이야기 *A Tale of two cities*』(1859) 등이 있다.

이러한 예는 무수히 찾아볼 수 있다. 짚고 넘어가야 할 사항은 희극성의 정도가 말의 길고 짧음과는 무관하며, 한마디 말로도 충분할 수 있다는 것이다. 그 말 한마디만 들어도 특정한 어떤 상황이 전환되었으며, 비도덕적인 것을 도덕적인 것으로 짜 맞추었다는 것을 우리가 암암리에 알아차리게 된다면 이는 곧바로 희극적인 것이 된다. 고골[55]의 한 작품에서 상급 공무원이 하급 직원에게 따끔하게 지적한다. "자네 직급으로서는 너무 많이 횡령했네."

지금까지의 이야기를 요약해보자. 우선, 두드러지게 대조적인 두 가지 대상, 가령 큰 것과 작은 것, 최선과 최악 사이에서 방향 전환이 이루어진다. 그런데 전환이 이루어지는 두 항목의 간격을 조금씩 좁히게 되면, 대조는 점차 희미해지고 희극적 전환의 효과는 더욱 미묘해진다.

이 대립 중 가장 일반적인 것은 아마도 현실réel과 이상 idéal, 있는 것과 있어야 할 것의 대조이리라. 여기서도 전환은 역시 반대되는 두 방향으로 이루어질 수 있다. 때로 우리

---

54 William M. Thackeray(1811~1863). 영국의 신문 기자이자 소설가. 작품으로는 『허영의 시장Vanity Fair』(1847~1848) 등이 있다.

55 Nikolai Vasilievich Gogol(1809~1852). 러시아의 소설가이자 희곡 작가. 상황과 인물의 우스꽝스러움을 포착할 줄 아는 캐리커처의 대가. 작품으로는 「초상화」(1835), 「광인일기」(1835), 「코」(1836), 「외투」(1843) 등이 있다.

는 무엇인가가 마치 존재해 있다고 믿는 척함으로써 존재해야 할 것에 대해 말하는데, 이때 **아이러니**가 나온다. 때로는 이와 반대로 있는 그대로의 현실을 아주 세세하고 꼼꼼히 묘사하면서 이것이야말로 당연히 있어야 할 이상적 상황인 것처럼 믿게끔 유도한다. **유머**humour는 보통 이렇게 만들어진다. 이렇게 정의된 유머는 아이러니를 뒤집어놓은 것이다. 아이러니와 유머는 둘 다 풍자satire의 형식인데, 아이러니가 원래 웅변적인oratoire 것이라면 유머는 좀더 학문적이다. 아이러니는 이상적인 수준으로 점점 더 높이 오를수록 효과가 두드러진다. 때문에 아이러니는 속으로 뜨겁게 달아오르면서 일종의 강한 설득력을 가질 수도 있다. 이와 달리 좋지 못한 현실 속으로 깊숙이 파고들며 점점 더 낮은 데로 내려가면서 현실의 이런저런 특성을 냉철하게 간파함으로써 유머는 더욱 부각된다. 유머에는 구체적 용어, 기술적 상세함, 분명한 사실이 즐겨 사용된다고 지적한 작가들이 한둘이 아닌데, 특히 장 파울[56]이 그러하다. 우리의 분석이 틀리지 않는다면, 이는 유머의 우연적 특성이 아니라 유머가 있는 곳에서는 필히 만나게 되는 본질이다. 이때 익살꾼humoriste[57]은 학자로 변장한 인문학자이면서 해부학자와도 같은 존재로, 그가 해부하는 것은 오로지 우리를 불쾌하

---

56 앞에서 언급한 장 파울(127쪽의 주51 참조)을 말한다.

게 만들기 위해서다. 한정된 의미로 요약해본다면, 유머는 도덕적인 것을 과학적인 것으로 전환해놓은 것이다.[58]

이러한 여러 가지 용어를 상호 전환시키는 경우, 그 간격을 좁힐수록 더욱 특이한 희극적 효과를 볼 수 있다. 예를 들어 직업상 흔히 쓰는 전문적 용어가 있게 마련인데, 일상생활과 관련된 개념들을 전문용어로 옮겨놓기만 해도 얼마나 우스꽝스러운 효과를 얻을 수 있었던가! 마찬가지로 지극히 사적인 관계에서 사업상의 용어를 사용한다면 웃길 것이다. 예컨대 라비슈의 작품에서 한 인물이 쓴 글 중에 자신이 받은 초대장을 암시하는 다음과 같은 문구가 있다. "지난 3일의 귀하의 호의." 이것은 다음과 같은 상용 문구를 바꿔놓은 것이다. "이달 3일자 귀하의 서신." 이러한 종류의 희

57 유머로 우리를 웃기는 사람이다.
58 베르그송은 아이러니와 유머의 개념을 즐겨 Karl Wilhelm Ferdinand Solger(1780~1819), 슐레겔 Friedrich Schlegel(1772~1829), 장 파울 등에게서 빌려온다. 슐레겔은 특히 '낭만적 아이러니'의 창시자로, 무한한 전체를 파악하고 드러내기 위해서는 아이러니가 필요하다고 했다. '영원히 움직이고 알 수 없는 세상'을 한정된 언어로 표현하는 것은 불가능하기 때문에 끊임없이 자신의 인식과 묘사를 부정하고 넘어서야 한다는 것이다. 아이러니가 좀더 시적이고 웅변적이라면, 유머는 좀더 객관적이고 세밀하게 현실을 보여준다. 특히 장 파울은 문제투성이의 인간, 있는 그대로의 인간을 묘사하는데, 섣불리 가치판단을 하거나 도덕적으로 지탄하지 않고 객관적이고 엄정한 태도를 고수한다.

극성이 단지 직업적 습관뿐만 아니라 성격적 결함까지 드러내면 색다른 깊이를 띠게 된다. 「위선자들」과 「브누아통 가족La Famille Benoiton」[59]의 장면들을 떠올려보자. 결혼이 마치 사업인 것처럼 다루어지고, 감정 문제가 순전히 상업적인 용어로 표현된다.

이제 우리의 분석은 언어의 특이한 용법이 곧 성격의 특성을 반영하게 되는 분야에 다다른다. 이에 관한 세밀한 연구는 다음 장에서 다룰 것이다. 기대했던 바대로, 그리고 앞에서 살펴본 것으로 알 수 있었듯이, 말의 희극성은 상황의 희극성에 이어 바로 따라오게 마련이고, 상황의 희극성과 더불어 결국에는 성격의 희극성으로 합쳐지게 된다. 언어가 우스꽝스러운 효과를 낳는 것은 인간의 작품이라는 이유 때문이다. 그리고 언어는 가장 정확하게 인간 정신의 형태를 반영한다. 우리는 언어에도 우리의 삶과 같이 살아 있는 무엇인가가 있다고 느낀다. 이렇듯 언어가 완벽한 생명체라면, 언어에 딱딱하게 굳은 것이 없다면, 여러 개체로 독립된 유기체로 나누어질 수 없이 완전히 통일된 하나의 유기체를 이룬다면, 언어는 희극성의 틀에 걸리지 않을 것이

---

59 프랑스의 희극 작가 사르두Victorien Sardou(1831~1908)의 작품(1865). 스크리브Augustin Eugène Scribe(1791~1861)와 뒤마 피스Alexandre Dumas fils(1824~1895)의 계승자로서 초기에 쓴 부르주아 드라마다.

다. 마치 잔잔한 수면처럼 평온하고 조화로운 삶을 살아가는 사람이 희극적이 되지 않는 것과 마찬가지다. 그러나 낙엽이 몇 잎 떠다니지 않는 연못이 어디 있을까? 몸에 배인 습관으로 다른 사람에게 뻣뻣하게 굴면서 자기 자신도 경직되지 않는 사람은 아무도 없다. 마찬가지로 부분적으로나 전체적으로 말이 아무리 유연하고 생기 있고 명확하다고 해도 **틀에 박힌 말투**tout fait를 전혀 사용하지 않을 수는 없다. 어떤 소소한 일도 역전이나 전환이라는 기계적 조작에 걸려들지 않을 수 없듯이 언어도 마찬가지다. 유연한 것, 끊임없이 변화하는 것, 생동적인 것에 반대되는 경직된 것, 틀에 박힌 것, 기계적인 것, 그리고 능동적으로 기울이는 주의에 반대되는 수동적 방심, 요컨대 자유로운 활동에 대비되는 자동주의, 이것이 바로 웃음이 집어내고 교정하고자 하는 것이다.

이러한 생각을 출발점으로 우리는 희극성에 대한 분석을 시작했다. 연구를 진행해나가면서 새로운 논리를 전개할 때마다 우리는 위에서 논의된 이 개념을 바탕으로 삼았다. 이제 독자에게 유익한 지침이 되기를 바라는 뜻에서 더욱 중요한 연구, 즉 희극적 성격에 대해 고찰하고자 한다. 말하자면 성격희극의 본질적인 조건들을 명확히 제시하는 동시에, 이러한 연구가 예술의 진정한 본성뿐 아니라 예술이 삶과 맺는 보편적 관계를 이해하는 데 도움이 되고자 한다.

3장
성격의 희극성

1. 예술과 희극의 차이

희극성의 여러 경로를 두루 추적하면서 형식, 태도, 몸
짓, 상황, 행동, 말 속에 어떤 식으로 희극성이 스며들어 있
는지를 살펴보았다. 이제 우리는 희극적 **성격**을 분석하려고
한다. 즉 우리 연구의 가장 중요한 부분에 도달했다. 그런
데 만약 우리가 앞에서 우스꽝스러움을 관객의 눈에 확 드
러나는 장면, 결과적으로 빤히 들여다보이는 장면들의 실례
에 따라 정의하고자 했다면, 이 부분은 아주 까다로운 작업
이 될 뻔했다. 최상급의 희극성을 다루기에는 그런 식의 정
의로 한정되는 그물망이 너무 느슨해서 적합지 않았을 것이
다. 다행히도 우리는 반대 방향으로 우리의 연구를 시도했
다. 높은 데서부터 낮은 쪽으로 훑어본 것이다. 웃음이 사회
적인 의미와 영향력을 지니고 있으며, 무엇보다 사회생활을
하는 사람이 유별나게 적응하지 못하는 상태를 드러낼 때
희극적이 된다는 점을 우리는 앞에서 확인했다. 결국 희극
적인 것이란 인간을 떠나서는 있을 수 없다. 우리가 우선 대
상으로 삼았던 것은 인간과 인간의 성격이었다. 성격이 아

닌 다른 것으로 인해 어떻게 웃게 되는지를 설명하는 일이 오히려 어려웠다. 희극적인 것이 침투, 배합, 혼합이라는 정교한 현상을 통해 어떻게 단순한 움직임, 비인격적인 상황, 독립된 문구 속에 스며들 수 있는지를 밝혀야 하는 일이었다. 지금까지 우리가 해온 작업이 바로 이러한 것이었다. 우리에게는 애초에 순수 금속이 주어졌는데, 지금까지 우리는 오직 원석原石의 분석에만 매달렸다. 이제부터는 금속 자체를 연구하려고 한다. 이보다 더 쉬운 일은 없을 것이다. 단순한 요소 하나만을 다룰 테니 말이다. 이 요소를 면밀히 주의 깊게 살펴보면서 나머지 요소와의 상호작용에 대해서도 알아보고자 한다.

우리가 어떤 사람의 기분이나 감정 상태를 알아챌 경우, 그 즉시 마음이 동요하게 된다. 이 점을 우리는 앞에서 지적했다. 가령 기쁨과 슬픔은 함께 나누게 되고, 격정이나 악덕은 보는 이들에게 고통에 찬 놀람이나 공포, 연민을 불러일으키면서 갖가지 감정이 반향을 낳으며 마음에서 마음으로 퍼져 나가는 것이다. 이 모두가 삶의 본질에 관한 것이기에 진지하고 때로 비극적이기까지 하다. 반면에 희극은 타인이 내 마음을 움직이기를 중단하는 그 지점에서만 시작될 수 있다. 또한 희극은 **사회생활과 마찰을 일으키는 경직성**에서 비롯된다. 다른 사람과의 교제에는 전혀 개의치 않고 자기 길만 무턱대고 가는 사람은 희극적이다. 이 사람의 방심 상태를 교정하고 그를 망상으로부터 끌어내기 위해 웃음이 있는 것이다.

예를 들어 명문학교에 입학한 신입생의 경우를 생각해 보자. 입학시험의 험난한 관문을 막 통과한 신입생은 또 다른 시련에 직면한다. 그것은 선배들이 마련해놓은 것으로, 신입생이 새 사회에 적응하도록 훈련시킨다는 명분이다. 그들의 표현을 빌리면 신입생의 기를 꺾어야 한다는 것이다. 큰 사회 안에 있는 작은 집단은 대개 이런 식으로 신입생으로 하여금 그전까지 몸에 밴 굳은 습관을 고쳐나가게 하고 완화하기 위한 방법을 찾아내는 것이다. 우리의 사회도 이와 다르지 않다. 사회 구성원 각자는 자신의 주변 상황에 늘 세심한 주의를 기울이며 주위 사람들을 본받아야 한다. 요컨대 상아탑에 파묻혀 자기만의 유별난 성격에 사로잡혀 있지 않도록 해야 하는 것이다. 바로 이런 이유로 사회는 구성원 모두에게 교정을 하라는 위협까지는 아니더라도, 언제든 창피를 당할 수도 있다는 생각을 하도록 한다. 아무리 가벼운 창피라도 싫은 건 매한가지다. 웃음의 기능이란 이런 것이다. 약간의 굴욕감을 안겨주는 웃음은 실제로 당사자에게 일종의 사회적 골탕 먹이기인 것이다.

바로 여기에 희극의 모호한 성격이 드러난다. 희극은 완전히 예술에도, 완전히 생활에도 속하지 않는다. 한편으로는 우리가 극장의 높은 칸막이 좌석에 앉아서 실생활의 주인공들의 이야기를 무대에서 펼쳐지는 구경거리로서 재미있게 볼 수 없다면 우리는 웃지 않을 것이다. 그들이 우리 눈에 희극적으로 보이는 것은, 우리에게 연극이라는 구경거리를 제공해주기 때문이다. 그러나 다른 한편으로 연극에서조차도 웃음에서 오는 즐거움은 순수한 즐거움, 다시 말해 완벽히 미적이면서 실생활과 동떨어진 즐거움은 아니다. 웃음에는 우리 자신이 알아차리지 못하는 가운데 사회가 우리를 위해 암암리에 알려주는 어떤 저의가 있다. 웃음에는 창피를 줌으로써 적어도 표면적으로나마 교정하려는 은밀한 의도가 들어 있다. 그러므로 희극은 비극보다도 훨씬 더 실생활 가까이에 있다. 비극은 작품성이 뛰어날수록 현실로부터 비극성을 정제하여 분리한 작가의 노력이 더욱 심오하다고 볼 수 있다. 반대로 희극은 저급 형식들인 통속 희극과 소극笑劇에서만 현실과 극명한 대조를 보인다. 최고급 희극일수록 실생활과 거의 구별하기 어렵다. 그러므로 실제 삶의 장면들이 고급 희극과 너무 비슷하여, 말 한마디 바꾸지 않고 그대로 무대에 올릴 수 있는 경우도 많다.

따라서 연극에서나 삶에서나 성격의 희극성을 이루는 요소는 동일하다. 그것이 무엇일까? 이는 앞으로 어렵지 않게 밝혀나갈 수 있을 것이다.

흔히 우리와 같은 사람들의 **가벼운** 결점이 우리를 웃게 한다고들 한다. 그럴듯하긴 하지만 전적으로 옳다고는 할 수 없다. 우선 결점의 문제에서 가벼운 것과 심각한 것 사이의 경계를 정하는 일이 쉽지 않다. 어쩌면 가벼운 결점이기 때문에 웃는 것이 아니라, 웃기 때문에 가볍다고 생각하는지도 모른다. 웃음만큼 무장 해제시키는 것도 없으리라. 때로는 심각한 것임을 알면서도 웃게 되는 결점들도 있다. 예를 들면 아르파공의 인색함 같은 것이다. 그런데 이제는, 다른 사람들의 결점뿐만 아니라 때로는 장점을 보고도 웃는다는 사실을, 마음이 썩 내키지는 않지만 어쩔 수 없이 인정해야 한다. 우리는 알세스트[1]를 보고 웃는다. 희극적인 것은 그의 정직honnêteté이 아니라 정직이 드러나는 특이한 형태다. 요컨대 성격상의 결함으로 인해 변형된 정직성이 우리 눈에 띈 것이다. 물론 우리를 웃기는 알세스트의 결함이 그의 **정직을 우스꽝스럽게 만든다는** 사실도 간과해서는 안 된다. 이것이 바로 중요한 점이다. 그렇다면 다음과 같이 결론지을 수 있을 것이다. 언제나 도덕적 의미에서의 결점이 있을 때 희극성이 나오는 것은 아니다. 또한 굳이 하나의 결점, 그것도 가벼운 결점 때문에 웃게 된다고 주장하려면, 가벼운 것과 심각한 것을 어떻게 정확하게 구별할지에 대해 밝혀야 한다.

---

[1] 몰리에르의 희극 「인간 혐오자」(1666)에 나오는 주인공. 82쪽의 주11 참조.

엄밀히 말하자면, 희극적 인물이 완벽하게 도덕적일 수 있다는 것도 틀린 말은 아니다. 사회의 규범에 자기 자신을 맞추어야 할 일이 남아 있을 뿐이다. 알세스트라는 인물은 나무랄 데 없는 교양인honnête homme[2]의 성격이다. 그러나 그는 사회와 타협할 줄 모르고, 바로 이 때문에 희극적이 된다. 유연한 악덕은 완고한 덕보다 웃음거리가 될 위험성은 적을 것이다. 사회가 흘겨보는 것이 바로 이 **경직성**이다. 비록 정직에서 비롯되었을지언정 우리를 웃기는 것은 알세스트의 경직성인 것이다. 사회로부터 고립되어 있는 사람은 누구나 우스꽝스러움에 노출되는 셈인데, 왜냐하면 희극성은 대부분 이 고립 상태에서 생겨나기 때문이다. 희극성이 흔히 사회의 관습이나 통념, 쉬운 말로 편견과 상관관계가 있다는 것은 이렇게 설명될 수 있다.

그러나 사회적인 이상과 도덕적인 이상이 본질적으로는 다르지 않다는 것, 우리는 이를 인류의 명예를 위하여 인정해야 한다. 그러므로 우리는 타인의 결점 때문에 웃는다는 일반적인 규칙을 세운 다음, 다만 **부도덕성**이 아니라 **비사회성**으로 인한 결점이라는 전제하에서 그러하다고 덧붙

2 17세기의 이상적 인간형. 몰리에르와 동시대 인물이자 17세기 프랑스어 사전을 만든 퓌르티에르Antoine Furetière(1619~1688)에 따르면 'honnête homme'은 '사교계에서 어우러져 지낼 줄 알고 우아하고 호감을 주는 예의범절을 지닌 사람'이라는 뜻이다.

여야 한다. 그렇다면 이제 문제는 어떤 결점이 희극적이 될 수 있으며, 웃어넘기기에는 너무 심각하다고 생각되는 경우는 어떤 것인지 짚어내는 일이다.

그러나 우리는 이미 은연중에 이 질문에 대답했다. 앞에서 지적했듯이 희극성은 순전히 지성에 호소하는 것이다. 웃음은 감정과는 양립할 수 없다. 당신이 아무리 가벼운 결점이라도 공감이나 공포 또는 연민을 나에게 불러일으키면서 묘사한다면, 나는 웃을 수 없다. 반대로 뿌리 깊은 악덕, 대개 가증스러운 악덕을 택하여, 적절한 방법을 써서 우선 내 감정을 전혀 건드리지 않도록 해보라. 그러면 당신은 그 악덕을 희극적인 것으로 만들 수 있다. 그렇게 한다고 그 악덕이 희극적이라는 뜻이 아니라, 바로 그 순간부터 악덕은 희극적이 될 수 있다는 얘기다. **악덕이 감정을 건드리면 안된다는 것**, 이는 확실히 희극성을 낳는 충분조건은 아니라 하더라도 참으로 유일한 필요조건이다.

그렇다면 희극 작가는 우리의 감정을 동요시키지 않기 위해 어떠한 방법을 쓰는가? 어려운 질문이다. 이에 답하기 위해서는 새로운 차원에서 탐구를 해야 한다. 우리가 극장에 앉아 연극을 보면서 느끼는 인위적 공감을 분석하고, 상상적인 기쁨이나 고통을 어떤 경우에는 받아들이고 어떤 경우에는 받아들이기를 꺼리는지 명확히 밝혀야 한다. 한편으로는 마치 최면에 걸리는 사람에게 하듯이 우리의 감수성을 조용히 흔들어서 꿈을 꾸도록 유도하는 기교가 있는가 하면, 다른 한편으로는 공감이 형성되려는 순간에 맥이 빠지게 하여 심각한 상황도 느끼지 못하도록 하는 기교도 있다. 후자의 경우, 즉 희극 작가가 다소 무의식적으로 사용하는 이 두번째 기교에는 두 가지 방법이 있다.

첫째, 등장인물의 영혼으로부터 감정을 **분리시키는 것**이다. 감정이 마치 독립된 존재로서 인간에게 기생하고 있는 것처럼 만드는 방법이다. 대개 격렬한 감정은 여타의 모든 정신 상태를 조금씩 지배해가며 자신의 색조로 물들이게 마련이다. 따라서 이러한 점진적 잠식 과정을 지켜보면서, 우리도 점차로 그와 같은 감정에 젖어들게 된다. 음향악 이론에 빗대어 설명하면, 모든 화음이 기본음과 함께 울릴 때 감정은 두 배, 세 배, 몇 배로 증폭되어 관중에게로 퍼져 나간다. 배우가 혼신의 힘을 다한 연기를 통해 감정의 울림을 전달하기 때문에 관객도 같은 감정의 울림을 느끼는 것이다. 이와 반대로 관객을 냉담한 상태에 머물게 하여 희극적이 되는 감정이 있다. 그러한 감정에는 언제나 **경직성**이 들어 있기 때문에 등장인물 내면의 이런저런 마음이 전혀 소통하지 못하고 따로 논다. 이러한 경직성은 때가 오면 꼭두각시와 같은 기계적 동작으로 드러나면서 웃음을 자아내게 되는 것이다. 이미 그전에 인물이 보여준 경직성으로 인해 우리의 공감은 차단된 상태다. 한마음으로 울리지 않는데,

어찌 우리의 심금을 울릴 수 있겠는가?「수전노」에는 드라마와 비슷한 장면이 있다. 돈을 빌리려는 사람과 빌려주는 사람이 초면에 서로 부자지간임을 알게 되는 장면이다. 만약 아르파공의 마음속에서 탐욕과 부성애가 맞부딪치며 다소 특이한 갈등 구조를 이루었다면, 우리는 진짜 극적인 장면을 보게 되었을 것이다. 그러나 사실은 전혀 그렇지 않았다. 만남이 채 끝나기도 전에 아버지는 모든 것을 깡그리 잊어버린다. 아들을 다시 만났을 때 아르파공은 이 심각한 장면에 대해 겨우 한마디 넌지시 할 뿐이다. "예끼 이놈, 나같이 너그러운 아비니까 네놈이 저지른 일도 눈감아주는 거야." 이런 식으로 탐욕은 다른 감정에 영향을 주거나 받지도 않고 그저 **무심하게** 옆으로 지나쳐버린다. 탐욕이 마음속에 자리 잡고 영혼의 집주인이 되어봤자 여전히 이방인으로 남아 있을 뿐이다. 비극적 탐욕은 이와 판이하게 다르다. 탐욕은 인간을 움직이는 여러 가지 정신적 동력, 가령 감정과 애정, 욕망과 혐오, 악덕과 미덕, 이 모두를 변형시키면서 자기 쪽으로 끌어당겨 흡수하고 동화시켜버린다. 이 모든 것에 탐욕은 새로운 종류의 생명력을 불어넣어 비극적 드라마의 소재가 되도록 한다. 이것이 고급 희극과 드라마의 본질적 차이로서 첫번째로 등장하는 요소인 듯하다.

희극과 드라마의 두번째 차이는 관객의 눈에 쉽게 드러나는데, 사실은 첫번째 차이에서 파생된 것이다. 어떤 마음 상태를 두고 극적으로 표현하거나, 관객이 이를 심각하게 받아들이게끔 묘사할 때, 극작가는 그러한 심리를 하나둘씩 **행위**로 나타나게끔 보여준다. 배우가 연기하는 행위는 마음 상태가 어느 정도인지를 정확하게 보여주는 척도가 된다. 수전노는 잇속을 챙기기 위해 뭐든 궁리하고, 가짜 독신자는 천상의 세계만을 생각하는 체하면서 가장 능숙하게 세속적인 일에 골몰한다. 물론 희극에서도 이런 식으로 꿍꿍이수작하는 인물이 없지 않다. 타르튀프의 음모가 좋은 예가 될 것이다. 희극과 드라마의 공통부분이 바로 이 점이긴한데, 희극과 드라마의 차이점, 즉 심각한 행위를 심각하게 받아들이지 않고 관객에게 웃음을 자아내도록 이끄는 방법은 다음과 같이 공식화될 수 있다. **희극은 우리의 관심을 행위**les actes**가 아니라 몸짓**les gestes**으로 쏠리게 한다.** 여기서 몸짓이란 이런저런 태도나 움직임, 말투와 대사 내용까지 포함하는 의미로서, 이는 별다른 목적이나 이해타산 없이 그저 그렇게 말하지 않고는 배길 수 없는 마음 상태를 고스란히 밖으로 드러나게 해주는 것이다. 이렇게 정의되는 몸짓은 행위와는 아주 다른 개념이다. 행위는 의도적인 것이고 항상 의식적인 반면, 몸짓은 무의식적인 것이고 저절로 나타난다. 행위를 할 때는 인물 전체가 개입되지만, 몸짓은 자기 자신과 상관없이 무심결에 나오는 것이다. 결국 핵심을 요약하면, 행위는 행위를 유발하는 감정에 정확하게 비례하면서 밖으로 드러난다. 따라서 관객의 공감이나 반감도 감정에서 나오는 행위의 정도에 비례하여 점진적으로 강해진다. 하지만 몸짓은 폭발적인 요소이기에 스르르 빠져들던 우리의 감수성을 깨워 일으킴으로써 눈앞에서 벌어지는 사건을 심각하게 받아들이지 않도록 한다. 이렇게 해서 관객의 관심이 행위가 아니라 몸짓으로 쏠리는 순간, 관객은 희극을 마주 대하게 된다. 타르튀프의 경우, 그가 하는 행위로 보면 비극에 속하는 인물이다. 그러나 행위보다 몸짓을 눈여겨보면 그는 희극적인 인물로 보인다. 그가 무대에 등장하는 장면을 떠올려보자. "로랑,[3] 고행복[4]을 줄 사슬로 꽉 죄어주게."[5] 그는 도린[6]이 자신의 말을 듣고 있는 것을 안다. 그러나 확신하건대 그녀가 없었다고 해도 여전히 같은 말을 했을 것이다. 그는 위선자의 역할 속으로 너무도 흠뻑 빠져 들어간 결과, 위선자로서의 몸짓 하나하나가 그를 통해 아주 충실하게 드러나게 된다. 이 점에서, 오직 이 점으로만 그는 희극적 인물이 되는 것이다. 이처럼 타르튀프의 몸짓에 깃든 기계적 충실성은, 바꾸어 말하면 오래오래 위선자로 살면서 몸에 붙은 습관적 말투와 태도가 천성적인 몸짓

---

3 타르튀프의 시종.

4 거친 말총으로 짠 고행 수도자의 속옷도리.

5 「타르튀프」 3막 2장에 나오는 장면.

6 81쪽의 주8 참조.

으로서 자연스레 나타나는 것이다. 따라서 이 점이 없다면 타르튀프는 그저 가증스러운 인물이 되어버릴 것이다. 왜냐하면 이럴 경우 우리는 그의 행위에 내포된 의도적인 것만을 보기 때문이다. 따라서 비극에서는 행위가 본질적 요소지만 희극에서는 부수적이다. 희극에서는 같은 인물을 완전히 다른 상황 속에서 제시할 수도 있다. 상황이 달라도 등장인물은 여전히 같은 성격의 인물이다. 그러나 비극에서는 인물과 상황이 분리될 수가 없다. 더 정확히 표현하면, 인물이 사건으로 구성되어 있다고 할 수 있다. 만약 어떤 다른 이야기가 펼쳐지는 비극을 지켜본다면, 비록 등장인물의 이름이 같더라도 우리 눈앞에서 전개되는 사건은 다른 인물의 이야기인 것이다.

한 인물이 좋은 사람인지 나쁜 사람인지 별로 중요하지 않다는 점은 이미 살펴보았다. 다만 그가 비사회적인 인물이라면 희극적일 수 있다. 이제 우리는 상황의 심각성조차도 그다지 문제가 되지 않는다는 사실을 알게 되었다. 상황이 심각하건 대수롭지 않건 간에 우리의 감정이 동요되지만 않는다면 웃을 수 있다. 인물의 **비사회성**과 관객의 **무감각**, 이것이 결국 본질적인 두 조건인 셈이다. 세번째 조건은 이 두 조건 속에 이미 담겨 있는 것으로, 우리가 지금까지 밝혀내고자 했던 바이다.

그것은 바로 기계적 자동성l'automatisme이다. 우리는 이 책을 시작할 때부터 이를 지적했고, 끊임없이 이 점에 주의를 환기시켜왔다. 우리로 하여금 웃게 만드는 근본적인 이유는 자동기계와 같은 행위 때문이다. 결점이나 심지어 장점일 경우에도 자기도 모르는 사이에 본의 아닌 몸짓이나 무의식적인 말이 튀어나오게 되면 희극적이 되는 것이다. 마찬가지로 갖가지 방심은 모두 희극적이다. 방심 상태가 심할수록 더욱 희극적이다. 돈키호테의 경우처럼 철저한 방심은 상상할 수 있는 가장 희극적인 것이다. 그것은 희극성의 원천에서부터 길어 올린 희극성 자체다. 이와는 완전히 다른 희극적 인물을 한번 살펴보자. 온전한 의식으로 말하고 행동하는데도 희극성을 보이는 사람이 있다면, 이는 자기도 모르는 성격의 한 측면이 본의 아니게 드러나기 때문이다. 오직 그런 이유로만 우리는 웃을 수 있다. 천진난만한 태도로 말하면서 자신의 악덕을 적나라하게 드러낸다면, 이는 진짜 희극적이다. 만일 자기 자신을 직시하고 판단할 역량이 있었다면 어떻게 그런 식으로 자신의 모습을 드러낼 수 있었겠는가? 흔한 말로 어떤 행위를 비난해놓고 자기 자신이 바로 그렇게 행동하는 희극적 인물도 드물지 않다. 예를 들면 주르댕 씨[7]의 철학 선생은 화를 내지 말라고 한참

---

7 몰리에르의 발레 희극 「부르주아 귀족」(1670)에 나오는 주인공. 상인 계급 출신으로 음악, 춤, 철학, 검술 등의 개인 교습을 받으며 귀족 행세를

설교를 늘어놓은 다음 곧바로 자신이 화를 낸다.[8] 바디위스[9]는 다른 사람 앞에서 자작시를 읽어대는 사람을 비웃어놓고는 바로 호주머니에서 자신의 시를 꺼내든다.[10] 이러한 자가당착은 인물들의 무의식 상태를 분명히 짚어주기 위한 것이 아니라면 우리에게 보여줄 다른 이유가 있겠는가? 우리가 늘 발견하는 요인은 자기 자신에 대한 부주의, 결과적으로 타인에 대한 부주의다. 그리고 이 문제를 좀더 들여다보면, 부주의는 우리가 앞에서 비사회성이라고 부른 것과 거의 구별되지 않는다. 경직성의 주된 원인은 자기의 주위를, 특히 제 자신을 들여다보기를 소홀히 하기 때문이다. 타인을 알고 자기 자신을 아는 것으로부터 출발하지 않는다면, 어떻게 다른 사람의 인격을 모범으로 삼아 자신의 인격을 다듬어나갈 수 있겠는가? 경직성, 기계적 행위, 방심, 비사회성, 이 모든 것이 서로 뒤섞여 성격의 희극성을 구성하는 제반

하고 싶어 한다. 주르댕이 딸을 귀족과 결혼시키려고 하는 것을 이용해 기상천외한 속임수가 축제처럼 펼쳐진다.

8 「부르주아 귀족」 2막 3장에 나오는 장면.

9 몰리에르의 희극 「학식을 뽐내는 여인들Les Femmes savantes」(1672)에 나오는 인물. 13년 전에 나온 「우스꽝스러운 재녀들Les Précieuses ridicules」(1659)에 이어 여자들의 지나친 현학 취미를 조롱하고 공격한 작품이다.

10 「학식을 뽐내는 여인들」의 3막 3장에 나오는 장면.

요소가 된다.

요컨대 인간의 감수성을 건드려 마음속을 뒤흔드는 부분을 제외한 나머지는 희극이 될 수 있다. 이때 희극성은 경직성이 나타나는 정도와 정비례한다. 우리는 책의 서두에서 이를 공식화했으며, 주요 사례들을 통해 입증도 했다. 또한 바로 앞에서 희극을 정의할 때도 이 생각을 적용했다. 이제 우리는 이를 좀더 면밀히 규명해야겠다. 여타 예술 가운데 희극이 어떻게 이 개념을 통해 정확하게 자리매김되는지를 보여주어야 한다.

어떤 의미에서 **성격**caractère은 다 희극적이라고 말할 수 있다. 단, 성격을 다음과 같이 이해할 때다. 성격은 우리의 인격 속에 이미 **만들어져 있는** 것이고, 조립된 기계장치로 우리 내부에서 자동으로 작동되는 상태다. 즉 성격으로 인해 우리에게는 매번 같은 일이 되풀이되는 것이다. 결과적으로 다른 사람들이 우리를 모방할 수 있는 것도 이 성격 때문이다. 희극적 인물은 하나의 **전형**type이다. 역으로 말하면 그 전형과 유사한 것도 희극적 요소를 지니고 있다. 전혀 우스꽝스럽다고 여긴 적이 없는 오랜 지인이 있다고 하자. 그런데 그가 드라마나 소설의 유명한 주인공과 비슷하다고 생각해보면, 적어도 잠시 동안은 우습게도 보일 것이다. 소설의 주인공은 희극적 인물이 아닐 수도 있으나, 지인이 그를 닮았다는 사실이 희극적인 것이다. 무심코 자기 자신으로부터 벗어나는 것, 말하자면 미리 준비된 어떤 틀 속에 자기 자신을 끼워 넣는 것이 희극적이다. 그런데 그중에서도 특히 희극적인 것은 하나의 인격이 타인의 인격이 삽입될 수 있는 틀이 되는 것, 즉 하나의 성격으로 고착되는 것이다.

갖가지 성격, 다시 말하면 일반적이고 전형적인 성격을 묘사하는 것이 고급 희극의 목표다. 이는 흔히들 해온 말이다. 우리도 이를 반복하고자 한다. 희극을 정의하는 데는 이 말이면 충분하다고 여겨지기 때문이다. 사실상 희극은 우리에게 보편적 전형을 보여줄 뿐만 아니라, 보편성을 지향하는 **유일한** 예술이다. 따라서 이러한 희극의 목적을 밝히는 것은, 희극이란 무엇이며 다른 예술로서는 가능하지 않은 희극 고유의 것이 무엇인지를 말하는 셈이 된다. 희극의 본질이 이것이며, 비극이나 드라마 또는 여타의 예술 형식들과 이 점에서 대립된다는 사실을 증명하기 위해서는, 최상급 수준의 예술부터 정의해야 한다. 이렇게 높은 데서부터 조금씩 아래로, 즉 희극 시의 수준으로 내려옴에 따라 희극은 예술과 삶의 경계 지점에 위치하며, 보편성이라는 특징에 의해 나머지 예술과 뚜렷이 구분된다는 사실이 드러나게될 것이다. 여기서 이처럼 방대한 연구에 뛰어들 수는 없지만, 그 대체적 윤곽 정도는 제시할 필요가 있다. 무대 희극의 본질이라고 여겨지는 부분을 소홀히 다룰 수밖에 없겠지만 말이다.

예술의 대상은 무엇인가? 만약 실상réalité이 우리의 감각과 의식에 직접 와닿을 수 있는 것이라면, 그리하여 우리가 외부 세계뿐 아니라 마음속 내부 세계와도 직접 소통할 수 있다면, 아마도 예술은 무용지물이 되거나 우리 모두가 예술가가 될 것이다. 그렇게 된다면 우리의 영혼은 자연의 소리와 한 음조로 울려 퍼지리라. 우리의 눈은 모방이 불가능한 그림을 기억의 도움으로 공간 속에서 도려내어 시간 속에 고정시켜두리라. 또한 우리는 고대의 대리석 조각처럼 아름다운 작품들이 살아 있는 대리석, 즉 인간의 몸에 그려져 있음을 한눈에 포착할 수도 있으리라. 마찬가지로 우리는 영혼의 저 깊은 곳에서 울려 퍼지는 노래, 때로는 경쾌하지만 대부분 구슬프고 언제나 새로운 노래, 우리의 생명 내부에서 끊임없이 흘러나오는 노래를 듣게 되리라. 이 모든 것이 우리 주위에 있고, 우리 안에 있다.

그러나 우리가 그 어떤 것도 명료하게 지각할 수 없는 것은 자연과 인간 사이에, 아니 인간과 인간의 의식 사이에 베일이 드리워져 있기 때문이다. 이 베일은 보통 사람에게는 두껍지만, 예술가나 시인에게는 얇고 거의 투명하다. 그 무슨 요정이 이 베일을 짜냈을까? 악의에 따른 것인가, 아니면 선의에 의한 것인가? 문제는 삶을 살아나가는 일이었다. 그리고 살다 보면 모든 것을 우리의 필요에 따라 생각하게 된다. 사는 것은 행동하는 것이다. 우리에게 **유익하게** 보이는 것만 받아들이면서 거기에 적절히 반응하고 대응한다. 유익하게 보이지 않는 것들은 흐릿해져버리거나 머릿속에 들어온다고 해도 혼돈스러운 생각의 파편일 뿐이다. 눈을 뜨고 바라보면 베일 너머의 세계가 다 보인다고 여긴다. 마찬가지로 귀 기울여 들으면 모두 이해된다고 생각한다. 자기 자신을 파고들면서 자기 마음의 심층을 읽는다고 믿는다. 그러나 실제로 눈에 보이는 세계에서 내가 보고 듣는 것은 나의 감각이 내 눈에 보이는 세계로부터 골라낸 것에 불과하다. 그리고 나는 이를 등대 삼아 길을 간다. 내가 나 자신에 대해 아는 것도 사실은 나에게 피상적으로 다가와 나로 하여금 행동하게 하는 것일 뿐이다. 그러므로 나의 감각과 의식을 통해 아는 것은 실상에 대한 실용적이고 단순화된 형상일 뿐이다. 감각과 의식의 도움으로 사물(바깥 세계)과 우리 자신(내부 세계)을 볼 때, 우리에게 쓸모없는 차이점들은 무시되고 유용해 보이는 것들만 부각된다. 이에 따라 우리가 행동해야 할 방향과 길이 미리 그려진다. 나보다 먼저 살았던 인류 전체가 걸어온 길이 바로 이 길이다. 만사가 내게 얼마나 유용한가 하는 관점에서 분류되었다. 그리고 내가 인식하는 것은 사물의 색깔이나 형태라기보다 바로 이렇게 분류된 내용이다. 이 점으로 볼 때도 인간은 확실히 동물보다 아주 우월하다. 늑대의 눈이 새끼 염소와 어린 양을 구별한다는 것은 있을 법하지 않은 일이다. 늑대에게 이 두 동물은 똑같이 잡기 쉽고 먹기 좋은 동일한 먹이일 뿐이다. 우리는 염소와 양을 구별한다. 그러나 염소 한 마리와 또 한 마리의 염소를, 양 한 마리와 또 한 마리의 양을 구태여 구분할 필요가 있는가? 사물이나 존재의 **개체성**이란, 이를 지각하는 것이 우리에게 실질적으로 도움이 되지 않을 때는 언제나 우리의 주의력에서 벗어난다. 그리고 우리가 개체성을 인지할 때조차도 ── 어떤 한 사람을 다른 사람과 구별할 때와 같은 경우 ──, 우리의 눈이 포착하는 것은 개체성 그 자체, 즉 한 개체의 형태와 색깔이 이루는 원초적인 조화가 아니라, 각각의 개체를 용도에 따라 쉽게 알아볼 수 있도록 하는 한두 가지 특징일 뿐이다.

결국 한마디로 말하자면, 우리는 사물 자체를 보는 것이 아니라 대개의 경우 각각의 사물이 분류되어서 붙여진 이름표만을 읽는 데 그친다. 이는 필요에 따라 생겨난 경향인데, 사물을 표현하는 어휘의 영향으로 더욱 굳어져버렸다. 말, 즉 어휘란 고유명사를 제외하고는 같은 무리의 부류를 지칭하기 때문이다. 말은 사물의 가장 통상적인 기능과 진부한 측면만을 나타낼 뿐이다. 사물은 유용성에 따라 말이 만들어졌을 때 이미 그 참모습이 우리의 시야를 벗어나버렸다. 이처럼 사물과 우리 사이에 비집고 들어온 말은 사물의 참모습을 더욱 가려버린다. 이러한 현상은 외부 세계의 사물에만 해당되지 않는다. 우리의 정신 상태도 마찬가지다. 비밀스럽고 개인적이며 나만이 경험한 감정이나 느낌, 그 모두가 우리에게서 벗어나버린다. 애정이나 증오를 품을 때, 환희나 슬픔을 느낄 때, 온전히 그 감정 모두를 다 의식한 것이라고 할 수 있을까? 매 순간 우리의 뇌리를 스치는 많고많은 미묘한 감정, 깊고깊은 공명, 이들을 완전하게 인지하지 못하면 우리 감정은 온전히 우리의 것이라고 할 수 없으리라.

그런데 만일 그것을 모두 의식한다면 우리는 모두 소설가이고 시인이며 음악가이리라. 그러나 대부분의 경우 우리의 마음 상태는 겉으로 드러난 부분만이 지각될 뿐이다. 따라서 우리의 감정조차도 앞에서 얘기된 개체성과 대비되는 비개체적 측면만이 포착된다. 이는 사물을 표현하는 말, 즉 같은 조건에서 두루 모든 사람에게 거의 동일하게 통용되는 말이 이미 확립해놓은 비개체적 측면일 뿐이다. 이런 식으로 우리들 개인 한 사람 한 사람의 개체성마저도 우리의 지각 범위를 벗어나버린다. 우리는 일반성과 상징들 사이에서 왔다 갔다 움직인다. 그것은 마치 담이 둘러쳐져 있는 경기장에서 우리 세력이 다른 세력과 힘을 겨루는 상황과 유사하다. 우리에게 가장 유익한 결과를 얻어낼 수 있는 행위에 매혹되고 이끌려서 머물게 된 곳, 즉 사물과 우리 사이의 중간 지대에서 살아간다. 그곳은 사물뿐 아니라 우리 자신에게서도 벗어나 있는 중간 지대이다. 그런데 때로는 어쩌다가 자연이 인간의 영혼을 삶에서 점점 더 멀리 분리시키는 경우도 있다. 여기서의 분리라는 뜻은 명상과 철학의 산물인, 다분히 의도적이며 추론에 따른 체계적인 초연함을 의미하지는 않는다. 그것은 저절로 생기는 초연함이다. 우리의 감각 혹은 의식 구조에 본래부터 타고난 것이며, 순수하게 보고 듣고 생각하는 방식으로 곧장 드러나는 것이다. 이 초연함이 완벽한 것이라면, 그리하여 무엇을 느끼든 간에 즉시 행위로 옮길 마음이 생기지 않는다면, 그 영혼은 예술가의 영혼이리라. 그러나 세상은 아직 그런 예술가를 본 적이 없었다. 그런 영혼은 모든 예술에서 탁월할 것이다. 아니면 오히려 모든 예술을 하나의 예술로 용해할 것이다. 모든 사물이 최초의 순수한 상태 그대로 지각될 것이고, 물질세계의 형상이나 색채, 소리뿐만 아니라 내면적 삶의 그 어떠한 섬세한 움직임까지도 포착될 수 있을 것이다.

그러나 이는 자연에게 너무 무리한 요구를 하는 것이다. 예술가의 영혼을 타고난 사람들에게조차도 자연이 그들에게 사물과 우리 사이에 펼쳐진 베일을 걷어 올린 경우는 어쩌다가, 그것도 한 방면에 국한해서이다. 자연이 깜빡 방심하는 사이에 실용성에 구애받지 않고 지각 작용이 이루어지도록 허용하는 일이 있다고 해도, 이는 한 방향에 대해서일 뿐이다. 또한 하나의 방향은 우리가 소위 **감각**sens이라고 부르는 것에 일치한다. 때문에 예술가가 예술에 헌신하는 것도 자신의 감각들 중 하나, 오로지 그 감각을 통해 이루어 나가는 행위다. 이것이 바로 예술의 다양성이 있게 된 기원이다. 타고난 소질의 특수성 또한 여기서 비롯된다. 어떤 예술가는 색과 형태에 애착을 느낄 수 있다. 그는 색 자체를, 형태 자체를 좋아하기에, 제 자신의 유익을 위해서가 아니라 색과 형상 자체를 지각하기 때문에, 형태와 색을 통해 사물의 내적인 삶이 그의 눈에 투명하게 드러나는 것이다. 예술가는 뒤틀려버린 우리의 지각 속으로 사물의 생생한 숨결을 조금씩 불어넣어준다. 그는 적어도 한순간이나마 육신의 눈과 '실상réalité' 사이에 비집고 들어와 있는 형태와 색채의 편견을 없애주는 것이다. 이렇게 해서 그는 예술이 지향할 수 있는 최고의 야망을 실현하게 된다. 그 야망이란, 베일 너머에 가려진 자연을 우리에게 드러내 보여주는 일이다.

자기 자신 속으로 깊이 침잠하는 작가들도 있다. 그들은 갖가지 행위와 말의 이면에서 순수한 원 상태 그대로의 감정과 정신 상태를 찾고자 한다. 그러나 무수한 행위는 한 개인의 감정을 겉으로만 보여줄 뿐이고, 한 사회에서 관습적으로 통용되는 말 역시 한 개인의 정신 상태를 표현하거나 은폐하는 데 그칠 뿐이다. 그들은 우리 자신으로 하여금 그들과 같은 노력을 기울이도록, 그들이 본 것과 같은 것을 보게 하려고 애를 쓴다. 단어들을 리듬에 맞추어 배열하여

조화롭고 참신한 생명력을 띠게 한다든가, 통상적 언어로서는 표현할 수 없는 것들을 우리에게 들려주려고, 아니 그보다 암시해주려고 하는 것이다. 이보다 더 깊이 파고들어가는 예술가도 있다. 언어로 표현하려고 하면 할 수도 있는 기쁨이나 슬픔 이면에는 언어와 무관한 것이 있는데, 이를 포착하는 예술가들이 있다. 이는 생명과 호흡의 일정한 리듬과 같은바, 인간의 가장 내면적인 감정보다도 더 내적인 것이다. 말하자면 삶의 법칙이다. 이것은 사람마다 제각기 다른데, 이에 따라 저마다 의기소침과 회한에 빠지기도 하고 열광하거나 희망에 부풀기도 한다. 예술가들은 이러한 음악을 찾아내어 부각시킴으로써 우리의 관심을 불러일으킨다. 지나가던 행인이 우연히 노래와 춤판에 합세하여 노는 것처럼 무심결에 음악에 이끌리도록 한다. 그리하여 우리의 깊은 내면에서 울릴 순간을 고대하고 있던 그 무엇인가가 파장을 일으키도록 하는 것이다. 이와 같이 회화든 조각이든 시든 음악이든 예술의 유일한 목적은, 실생활에 유용하게 쓰이는 여러 상징물이라든지 관습적·사회적으로 통용되어온 모든 것, 요컨대 '실상'을 가리는 모든 것을 제거하는 데 있다. 예술가는 그리하여 우리로 하여금 '실상'을 직접 대면하도록 해주는 사람이다. 예술에서 사실주의réalisme와 이상주의idéalisme 사이에서 제기된 논란은 바로 이 점을 제대로 이해하지 못한 데서 비롯되었다. 예술이 '실상'에 대한 더

욱 직접적인 통찰이 아니라면 무엇이겠는가! 하지만 베일에
가려진 '실상'을 꿰뚫어 볼 수 있는 투명성은 실용주의적이
고 관례적인 현실과는 절연해야 가능할 뿐 아니라, 감각이
나 의식 속에 독특하게 깃들어 있는 타고난 초연성, 그리고
완전히 비물질적 인생관이 있어야 한다. 이는 결국 이상주
의라는 이름으로 일컬어졌던, 바로 그것이다. 그리하여 이
상주의와 사실주의, 이 두 용어를 말 그대로 표현하여 다음
과 같이 요약할 수 있다. 즉 이상주의를 마음속에 품은 작품
은 사실주의적이게 마련이다. 현실에서 초연히 동떨어진 이
상을 통해서만 '실상'을 제대로 볼 수 있다.[11]

극예술도 이 법칙에서 벗어나지 않는다. 드라마는 '실
상'을 깊이 파고들어가서 세상에 분명히 드러내려고 한다.
심층의 '실상'은 흔히 이해관계 속에서 살아가는 우리에게
불가피한 것들로 가려져 있다. 이 '실상'은 무엇이고, 불가피
한 일은 무엇인가? 모든 시는 우리의 다양한 마음 상태를 표
현한다. 특히 서로 비슷한 사람과의 접촉에서 생기는 마음
상태가 있는데, 이는 어떤 감정보다도 강렬하고 또한 격렬
한 것이다. 같이 있는 것만으로도 강한 끌림이나 반감이 생
겨 마음의 평정 상태가 완전히 깨어진 상태, 즉 열정이라고

11 19세기 프랑스 작가 발자크가 대표적인 예다. 그는 사실주의의 대표
적 작가이면서도 고고한 이상으로 점철된 수많은 작품을 남겼다.

하는 마음의 감전 상태가 될 수 있다. 이것은 마치 전기가 콘덴서의 두 극판 사이에서 서로 끌어당겨 축적됨으로써 불꽃이 튀는 것과 같다. 만일 사람들이 저마다 감정의 움직임 대로 행동한다면, 또한 사회적인 법규나 도덕률도 없다면, 이러한 격렬한 감정의 폭발은 일상에서 아주 흔하게 일어나게 될 것이다. 그러나 이러한 폭발은 피하는 것이 상책이다. 인간은 사회 안에서 살아야 하고, 따라서 법규를 준수해야만 한다. 이해관계에 따라 조언하고 이성에 따라 명령한다. 다시 말해 우리에게는 주어진 본분이 있으며, 그것에 따르는 것이 우리의 임무다.

감정과 생각의 표층이 인간에게 형성되는 것은 이와 같은 이중적 영향 아래에서다. 감정과 생각은 불변하는 경향을 띠며, 적어도 모든 사람에게 똑같이 나타나려고 한다. 또한 개개인의 내면에서 타오르는 열정의 불을 끌 수 없을 때는 은폐해버린다. 이 표층은 더욱 평화로운 사회생활을 영위하기 위해 인류가 완만하게 진보를 계속해오면서 조금씩 더 견고해졌다. 마치 부글부글 끓어오르던 금속 불덩어리를 단단하고 차가운 표면의 막으로 덮어온 기나긴 지구의 역사와도 흡사하다. 그러나 가끔 화산 폭발이 일어난다. 그리고 신화에서 그려졌듯 지구가 하나의 살아 있는 생명체라면, 아마 지금 지구는 휴식을 취하면서 갑작스러운 폭발을 꿈꿀지도 모른다. 이 돌연한 폭발을 통해 지구는 심층 밑바닥에서 잠자던 자신의 본성을 순식간에 되찾게 되리라.

　우리가 드라마를 보면서 즐거움을 느낀다면 바로 이런 종류의 즐거움이다. 사회와 이성이 우리를 위해 마련해놓은 평온하고 안정된 생활의 이면에서 드라마는 우리의 마음 가운데 아직은 용케 폭발하지 못하고 부글거리며 속으로만 잔뜩 긴장하고 있는 그 무엇인가를 들쑤셔놓는다. 그리하여 숨어 있던 본성nature으로 하여금 사회에 대해 복수를 하도록 해주는 것이다. 때로 드라마는 목표를 향해 저돌적으로 나아가면서 그 어떤 난관도 뛰어넘게 하는 열정을 심층으로부터 밖으로 불러낸다. 현대극에서처럼 비스듬히 옆길로 돌아가는 경우도 있다. 즉 사회의 모순을 사회 자체의 모습으로 능숙하게, 때로는 교묘한 궤변으로 드러내 보인다든가, 사회 법규가 지닌 억지스럽고 인위적인 면을 과장하는 것이다. 이처럼 우회적인 방법을 통해 드라마는 사회의 표면층을 용해시킴으로써 우리가 심층에 도달할 수 있도록 해준다. 그러나 이 두 경우에도, 즉 사회를 약화시키든 본성을 강화하든, 드라마가 추구하는 목표는 동일하다. 그것은 우리 내부에 감춰져 있는 부분을 드러내 보이는 것이다. 우리 인성의 비극적인 측면이라고 할 수 있는 것들을 들추어내는 셈이다. 뛰어나게 잘 만들어진 드라마를 보고 나오면서 드는 느낌이 바로 이러한 것이다. 우리는 타인에 대한 이야기보다 우리 자신에 대해 무엇인가를 들여다보게 해주는 이야기에 더욱 많은 관심이 있다. 이 이야기의 무대에서는 갖가지 막연한 것들로 혼미하게 뒤섞인 감정이라든지 느낌들, 일어날 수도 있었던 것, 그러나 다행히 우리에게 일어나지 않았던 것들이 펼쳐진다. 그리하여 우리는 한없이 오래된, 조상 대대로 내려오는 갖가지 기억을 떠올리라는 지시를 받은 듯한 느낌을 갖는다. 한없이 깊이 묻혔던 기억, 현재 생활과는 너무도 동떨어진 기억이라 그런지 잠시나마 우리의 삶이 현실이 아니거나 진부한 것처럼 느껴진다. 제대로 잘 살아가려면 재교육을 받아야 할 것 같은 기분이다. 그러므로 드라마는 사물의 유용성만으로 이루어진 여러 겹의 표층 밑바닥에 깊이 숨어 있는 '실상'을 찾아낸다. 이 점에서 드라마 역시 다른 예술과 동일한 목표를 지니고 있다.

따라서 예술은 언제나 **개별성**을 지향한다. 화가가 화폭에 담는 것은 어떤 장소, 어느 날, 어느 시간에 본 것으로, 다시는 볼 수 없는 색깔을 띤 것이다. 시인이 노래하는 것은 오로지 자기 자신의, 자기 자신만의 감정 상태로, 결코 되풀이하여 경험되지 않을 느낌이다. 극작가도 우리 눈앞에 한 사람의 인생 이야기, 갖가지 감정과 사건으로 이루어진 생생한 이야기, 한마디로 오직 한 번 일어날 뿐 결코 반복되는 법이 없는 것을 보여준다. 이런 여러 가지 감정 상태에 대해 일반적인 이름을 붙일 수는 있겠지만, 다른 사람에게서 똑같은 감정이 생기는 법은 없다. 우리가 느끼는 온갖 감정은 하나하나 모두가 **개체화되었다**. 이런 이유로 특히 감정은 예술의 영역에 속한다. 왜냐하면 일반적인 것들, 상징적인 것들, 또 전형적인 것들마저도 우리의 일상생활에서 늘 통용되고 있기 때문이다. 그런데 이 점에 대해 사람들이 잘못 알고 있는 이유는 어디에 있을까?

그 이유는 아주 다른 두 가지 점, 즉 사물의 보편성과 우리가 사물에 대해 내리는 판단의 보편성을 혼동하는 데 있다. 모두에게 진실로 인정되는 감정이라고 해서 그것이 꼭 보편적인 감정이라는 얘기는 아니다. 햄릿처럼 독특한 인물도 없을 것이다. 그가 어떤 면에서는 다른 사람들과 닮은 점이 있긴 하지만, 가장 우리의 관심을 끄는 것은 그 닮은 점이 아니다. 그는 우리 모두의 마음속에 살아 있는 인물이 되어 있다. 오로지 그러하기 때문에 햄릿은 보편적 진리의 성격을 띠게 되는 것이다. 여타의 예술 작품들도 마찬가지다. 예술 작품 하나하나는 독특하다. 하지만 천재성이 엿보이는 작품이라면, 결국에 가서는 모든 사람에게 받아들여진다. 무슨 이유에서일까? 한 분야에서 둘도 없이 독특한 작품이라면 어떤 연유로 우리는 그 작품이 참된 예술이라고 인정하는 것일까? 이는 아마도 예술가가 작품을 통해 보여주는바, 세상을 진실되게 관찰하기 위해 우리 스스로 애써 노력하도록 이끌기 때문인 것 같다. 진실됨은 전달력이 강하다. 예술가의 혜안이 보았던 그대로 우리가 완전히 똑같이 보기는 어려울 것이다. 그러나 예술가가 진실로 성심성의껏 보았다면, 우리는 그가 '실상'을 가리고 있는 베일을 걷기 위해 기울인 그 진지한 노력을 저절로 본받게 된다. 예술가의 작품은 우리에게 가르침을 주는 본보기인 것이다. 그리고 작품의 진실성은 이러한 교훈이 얼마나 효과적이냐에 따라 가늠되는 것이다. 따라서 진실성은 그 내부에 확신에 찬 힘, 심지어 변환을 일으킬 수 있는 힘을 품고 있다. 이는 또한 진실성이 인지되는 증거라고 할 수 있다. 작품이 위대할수록, 작품에서 엿보인 진실성이 심오할수록 그 효과는 더욱 오래오래 지속될뿐더러 그만큼 더 보편적이 된다. 그러므로 이 경우 보편성이란 작품이 만든 결과이지, 원인이 아니다.

희극의 대상은 이와는 전혀 다르다. 희극은 일반성이 작품 자체에 내포되어 있다. 희극은 우리가 이미 만났고, 다시 만날 가능성이 있는 여러 인물을 묘사한다. 희극은 유사성에 주목하여 우리에게 여러 전형을 제시해주고자 한다. 필요하면 새로운 전형을 창조하기도 한다. 바로 이 점이 희극을 다른 예술들과 뚜렷이 구별해주는 잣대가 된다.

위대한 희극 작품은 그 제목부터가 시사하는 바가 크다. 인간 혐오자, 수전노, 노름꾼, 얼빠진 사람[12] 등 모두가

---

12 「인간 혐오자」 「수전노」는 몰리에르의, 「노름꾼」 「얼빠진 사람」은

유형을 지칭하는 용어들이다. 또한 성격희극의 제목이 고유
명사인 경우라도, 이때 고유명사는 그 이름이 시사하는 내용
의 무게로 인해 곧장 보통명사의 범주에 속하게 된다. 우리
는 '타르튀프 같은 사람'이라고는 하지만, '페드르[13] 같은 사
람'이라든가 '폴리왹트[14] 같은 사람'이라고는 하지 않는다.

  무엇보다도 비극 작가는 주인공의 단순 복제품에 불과
한 인물들을 주인공 주변에 등장시키려는 생각을 결코 하지
않을 것이다. 비극 주인공은 오로지 개체성 그 자체다. 그를
모방할 수는 있겠지만, 그렇게 되면 우리는 의식적이든 아
니든 비극성에서 희극성으로 옮겨가게 된다. 그와 닮은 사
람은 아무도 없다. 왜냐하면 비극의 주인공은 어떤 누구와
도 닮은 면이 없기 때문이다. 이와 달리 희극 작가는 특출
한 재능으로 일단 중심인물을 만들고 나서는, 주인공과 똑
같은 일반적 성향이 있는 인물들로 하여금 주인공의 주변을
맴돌도록 솜씨 있게 유도한다. 「학식을 뽐내는 여인들」,[15]
「우스꽝스러운 재녀들」,[16] 「지긋지긋한 **세상**Le Monde où l'on

  르냐르의 희극 제목이다.

  13 라신의 동명 비극(1677)의 주인공. 의붓아들인 이폴리트에 대한 사랑
  으로 괴로워하는 인물이다.

  14 코르네유의 동명 비극(1642)의 주인공. 박해 시대에 이교 신앙에서 과
  감히 기독교로 개종한 후 장인의 손에 처형됨으로써 장렬히 순교하는 인
  물이다.

s'ennuie」[17] 등, 이처럼 복수명사나 한 무리를 나타내는 말을 제목으로 삼은 희극 작품이 많다. 희극적 인물들은 무대 위에 등장하여 동일한 전형적 인물의 기본 유형을 되풀이한다. 희극의 이러한 경향을 분석해보면 흥미로우리라. 의사들이 지적한바, 같은 유형의 정신이상자들끼리는 묘하게도 서로서로 끌린다는 사실, 희극 작가들도 이를 예감하고 있을 것이다. 굳이 의학을 거론하지 않더라도 희극적 인물은, 우리가 이미 지적했듯이 흔히 **방심한 인물**un distrait인 경우가 많다. 이러한 방심 상태에서 완전히 정신적 불균형에 이르기까지 그 이행 과정은 관객이 느끼지 못하는 사이에 서서히 진행되는 것이다. 그러나 또 다른 이유가 있다. 희극작가의 목적이 우리에게 이런저런 전형을, 말하자면 흔히 볼 수 있는 갖가지 성격을 제시하는 것이라면, 같은 유형이되 약간씩 다른 여러 인물을 예시로 보여주는 것보다 더 좋은 방법이 있을까? 박물학자가 종種에 대해 논할 때 쓰는 방

15 몰리에르의 희극(1672). 150쪽의 주9 참조.
16 몰리에르의 희극(1659). 기본적으로 소극의 틀을 벗어나지 못했으면서도 프레시오지테préciosité(1600년대 초·중반 파리의 사교계에 유행했던 풍조. 풍습과 언어를 순화하여 세련미를 극대화하고자 했다)라는 당대의 문제를 다룬 희극이다.
17 프랑스의 극작가 파유롱Édourd Pailleron(1834~1899)의 희극(1881). 하찮은 줄거리로 이루어진 풍속 희극이다.

법도 이와 다르지 않다. 그는 종을 열거한 다음, 그 종의 주된 변종들을 기술한다.

비극은 개인 자체에, 희극은 개인의 유형에 치중한다. 이 둘의 본질적인 차이는 또 다른 방식으로도 나타난다. 말하자면 작품의 첫 구상 단계에서 이미 다른 점이 보인다. 두 장르의 관찰 방식이 처음부터 확연히 구별되는 것이다.

역설적이라고도 하겠으나 다른 사람들을 관찰하는 것이 비극 작가에게 꼭 필요한 것은 아니라고 생각된다. 온갖 열정들을 생생하게 묘사했던 위대한 비극 작가들이, 무척 은둔적이고 부르주아적인 삶을 영위했다는 것을 우리는 안다. 광폭한 열정에 빠져 허우적대는 사람을 주변에서 만날 기회가 전무한, 그런 삶 말이다. 설사 그런 광경을 목격할 기회가 있었다고 하더라도, 그것이 과연 그들에게 크게 도움이 되었는지는 의문이다. 사실 비극 작가의 작품에 우리의 관심이 쏠리는 것은 마음 깊이 숨겨진 온갖 감정의 동요, 혹은 순전히 마음속에서만 들끓는 갖가지 갈등, 이 모든 것을 꿰뚫어 보는 시인의 통찰력 덕분이다. 한 인간의 감정은 타인의 감정 안으로 침투될 수 없는 것이다. 우리는 기껏해야 겉으로 드러난 열정의 몇몇 징후만을 감지할 수 있을 뿐이다. 우리 자신의 경험에 빗대어 우리 나름대로 해석할 뿐이다. 따라서 우리 스스로의 경험 내용이 본질인 만큼, 언젠가 우리가 그 본질을 이해한다고 가정할 때, 실제로 우리가 완전히 이해할 수 있는 것은 오직 우리 자신의 마음뿐이다. 그렇다면 비극 작가는 자신이 묘사한 내용을 스스로 체험했고, 등장인물들이 직면한 상황을 겪었으며, 인물들의 마음속 갈등의 삶을 똑같이 살았다는 뜻인가?

비극 작가의 전기를 읽어보면 그렇지 않다는 사실을 알 수 있다. 어떻게 한 인간이 맥베스, 오셀로, 햄릿, 리어왕[18]이면서 그 밖에도 그리 많은 다른 사람이었다고 가정할 수 있겠는가? 그러나 여기에서 **우리가 지닌** 인격과 **지녔을 수도 있는** 인격을 구분하는 것이 필요하다. 우리의 성격은 끊임없이 바뀌는 선택의 결과다. 우리 삶의 노정에는 갈림길(적어도 우리 눈에 드러나는)이 여기저기 나타난다. 비록 우리는 그중 단 하나의 길을 걸어갈 수 있을 뿐이지만 다른 방향도 알고는 있다. 자신이 걸어온 발자취를 더듬어 올라가 지나온 갈림길에서 얼핏 보았던 다른 방향의 길들을 따라 끝까지 가보는 것, 시적인 상상력은 바로 이러한 것이 아닐까. 물론 셰익스피어는 맥베스도, 햄릿도, 오셀로도 아니었다. 그러나 그의 마음 밑바닥에서 부글거리기만 하던 불같은 힘이 한편으로는 상황에 의해, 다른 한편으로는 마음먹기에 따라 격렬하게 분출하기에 이르렀다면, 그는 이런 다양한 인물이 **되었을 수도 있었을** 것이다. 그러나 아를캥[19]의 옷을

---

18 셰익스피어 비극의 주인공들이다.

기워 만드는 것처럼 이리저리 주워 모은 천 조각들을 짜깁기하여 극중 인물을 창조한다고 생각한다면, 이는 시적 상상력의 역할을 엉뚱하게 잘못 인식하는 것이다. 그런 식으로는 생명력을 지닌 인물이 나오지 않는 법이다. 생명은 재구성되는 것이 아니다. 생명은 단지 바라볼 수 있을 뿐이다. 시적 상상력이란 실상을 온전히 꿰뚫어 볼 수 있는 직관이다. 극중 인물들은 사실 비극 작가의 창조물에 불과한데도 우리에게 살아 있는 인물 같은 느낌을 준다. 이는 극중 인물들이 바로 작가 자신, 여러 명으로 계속 불어나는 작가의 분신이기 때문이다. 내면세계(실상實相)를 통찰하고자 힘써 노력하는 작가는 스스로 자기 자신의 내면을 깊이 파고들어 감으로써, 실제로 존재하는 것에서 잠재적인 그 무엇인가를 포착한다. 그리하여 작가는 자연이 희미하게 윤곽을 둘러놓았거나 막연한 밑그림의 상태로 남겨둔 것을 되찾아 하나의 완전한 작품으로 완성시키는 것이다.

희극은 이와는 완전히 다른 유형의 관찰, 즉 외부를 관찰하는 것이다. 희극 작가가 인간의 희극성에 대해 호기심이 강하다고 해도, 자기 자신의 희극성까지 탐구하지는 않는다. 우스꽝스러워지는 것은 우리의 인격 중 자신이 의식하지 못하는 영역에서만 비롯되기 때문에 작가 자신에게 보

19 울긋불긋한 옷차림을 한 광대.

일 수도 없다. 이러한 관찰은 타인의 몫이다. 따라서 관찰은 일반성을 띠게 되고, 이 일반성은 자기 자신에 대한 관찰로는 얻을 수 없다. 왜냐하면 표층에 머물러 있는 이러한 관찰이 미칠 수 있는 곳은 고작 사람들의 겉모습에 불과하기 때문이다. 물론 이 겉모습을 통해 사람들은 서로 접촉하고 비슷해질 수도 있지만, 관찰이 더 깊이 파고들지는 못한다. 설사 그럴 수 있다고 해도, 하등 이득이 없는 바에야 그러려고도 하지 않을 것이다. 인격의 내면으로 너무 깊숙이 파고들어가면서 겉으로 드러난 현상을 지극히 내밀한 원인에 결부시킨다면, 현상에 담긴 희극적인 측면을 위태롭게 하고, 결국 희생시키게 될 것이다. 어떤 현상에 대해 웃을 마음이 생기려면, 그 원인이 우리 영혼의 중간 지대에 있어야 한다. 그리하여 그 결과가 기껏해야 평균적인 것으로, 즉 평균 수준의 인간을 나타내는 것으로 보여야 한다. 그리고 모든 평균치와 마찬가지로, 인간에 대한 평균도 여기저기 산재해 있는 자료들을 모으고 유사한 것들을 서로 비교하여 이 모두의 진수眞髓를 추출해냄으로써 얻어진다. 이는 물리학자가 법칙을 이끌어내기 위해 물리적 현상에 적용하는 추상화 작업, 그리고 일반화 작업과 유사한 방식이다. 요컨대 관찰이 외부에 국한되어 있고, 결과가 일반화될 수 있는 것이라는 점에서, 희극 창작의 방법과 대상은 귀납적 논리학과 동일한 성격을 띤다.

우리는 오랜 우회를 거쳐 앞선 연구를 통해 도출해낸 이중의 결론으로 되돌아왔다. 한편으로 누군가가 우스꽝스럽다는 것은 그에게 방심 상태와 비슷한 경향이 있거나, 혹은 그와 잘 어우러지지 않는 성향이 마치 기생충처럼 그에게 달라붙어 있기 때문이다. 그러므로 이러한 경향은 밖으로부터 관찰되고 교정될 수 있다. 그러나 또 한편 웃음의 목적은 바로 이 교정 자체이므로 가능한 한 많은 사람이 동시에 교정되는 것이 유익하다. 그러므로 희극적 관찰은 원래부터 일반성을 지향한다. 희극성을 관찰하는 극작가의 눈은 여러 가지 특이한 성격 중에서 고르되 여러 인물에게서 되풀이하여 생길 수 있는 특이성, 그러므로 한 개인의 개별성과 불가분의 관계가 없는, 소위 보편적인 특이성이라고 할 만한 것들을 선택한다. 이렇게 선택된 것들이 무대에 옮겨짐으로써 작품이 창조되는 것이다. 희극 작품은 의식적으로 즐거움을 주고자 한다는 점에서는 예술에 속한다. 그러나 희극 작품이 지니는 일반성으로 인해, 그리고 교정하고 가르치려는 무의식적인 저의가 있다는 점에서 다른 예술 작품과는 뚜렷이 구분된다. 이러한 맥락에서 우리는 희극이 예술과 삶의 경계에 위치한다고 말할 수 있었다. 희극은 이해관계로 얽힌 현실 생활을 순수예술처럼 초월하는 것이 아니다. 희극은 웃음을 조성하면서 사회생활을 자연스러운 환경으로 받아들인다. 희극은 원만한 사회생활을 고무하기도 한다. 바로 이 점에서 희극은 예술에 등을 돌린다. 예술은 사회와 단절하고 자연으로 회귀하기 때문이다.

2. 희극적 성격과 허영

이상적으로 희극적인 성격, 그 자체로 희극적이어서 출발점도 희극적이고 어떠한 형태를 띠든 언제나 희극적인 성격을 창조하려면, 어떻게 해야 할지 지금까지의 고찰을 토대로 살펴보자. 그러한 성격은 깊은 내면에서 나와야 희극에 지속적으로 자양분을 공급해줄 것이다. 하지만 희극적 속성을 유지하기 위해서는 피상적이어야 한다. 희극성이란 무의식적인 것이기에 희극적 성격을 지닌 인물 자신에게는 보이지 않으면서도, 그를 제외한 다른 누구에게나 보여야 한다. 그래야 누구나 웃길 수 있다. 희극성의 소유자 자신은 전혀 거리낌 없이 속마음을 있는 대로 다 풀어헤쳐야 한다. 하지만 다른 사람들은 거북해져서 이를 가차 없이 억누르려고 한다. 무엇보다도 이 희극적 성격은 즉시 교정할 수 있는 것이어야 한다. 그래야 그것을 보고 웃는 것이 유익한 일이 되리라. 새로운 국면마다 새로운 모습으로 항상 다시 태어나기에 웃음은 계속 할 일이 생긴다. 사회에게는 참을 수 없는 것이지만 사회생활과 따로 떼어 생각할 수도 없다. 온갖 종류의 결점 및 일부 미덕까지도 포함된, 상상할 수 있는 모든 다양한 형상을 띠는 것이다. 이 모든 요소가 다 함께 섞여 녹아들어가야 하는 것이다. 이처럼 어렵고도 까다로운 제작을 위탁받은 영혼의 화학자는 증류기를 비워 쏟아내는 순간, 사실 조금은 실망할 것이다. 그도 그럴 것이 엄청난 노력의 결과가, 고작 다 만들어져 있어 공짜로 구할 수 있는 혼합물, 마치 자연 속에 있는 공기와도 같이 인간 사회에 널리 퍼져 있는 혼합물이라는 사실을 깨닫게 되기 때문이다.

이 혼합물이란 바로 허영이다. 겉보기에는 별것 아니면서 이보다 더 중대한 결점은 없어 보인다. 허영심을 건드린 상처는 그다지 심각하지 않은데 치유는 쉬이 되지 않는다. 허영심을 만족시켜주기 위해 베푸는 배려는 여하한 배려 중에서 가장 허식적인 것이지만, 오랫동안 고마움을 느끼게 하는 것이기도 하다. 허영 자체는 그다지 결점이라고 할 수 없다. 그런데 모든 종류의 결점이 이 허영의 주위를 맴돌며 점점 더 세련되어감으로써 오로지 허영을 충족시키려는 수단이 된다. 허영은 다른 사람들이 바치는 찬미에 근거한 자아도취이므로 사회생활에서 나온 것이다. 그럼에도 불구하고 이기주의보다 더 본성적이며, 이기주의보다 더 많은 사람에게 보편적으로 타고나는 감정이다. 왜냐하면 이기심이 본성에 의해 제압당하는 일은 종종 일어나지만, 허영심을 이겨내려면 조용히 심사숙고하는 수밖에 없기 때문이다. 수줍어서 어쩔 줄 몰라 하는 것을 겸손이라고 부른다면 모를까, 인간이 날 때부터 겸손하다고 생각되지는 않는다. 더구나 수줍음은 흔히 생각하는 것보다 훨씬 더 오만에 가깝다. 참된 겸손이란 허영에 대한 성찰에서만 가능하다. 그 것은 다른 사람이 실수하는 장면을 보고 자기 또한 잘못된 방향으로 빗나가지나 않을까 하는 두려움에서 생긴다. 겸손 은, 자기에 대해 사람들이 이러쿵저러쿵 말하고 생각할 것 에 대비한 계산적인 용의주도함과 같은 것이다. 따라서 겸 손은 교정과 손질을 통해서 형성되는 것이며, 결국 후천적 으로 얻는 미덕이다.

겸손해지려고 마음을 쓰는 것과 우스꽝스럽게 되지나 않을까 하는 두려움이 정확하게 어느 순간에 분리되는지를 알고 말하기란 쉬운 일이 아니다. 두려움과 마음 씀씀이가 처음에는 확실히 구별되지 않고 뒤섞여 있다. 허영심에 내 포된 갖가지 망상les illusions에 대해, 그리고 허영심에 결부된 우스꽝스러움에 대해 철저히 연구한다면 웃음에 대한 이론 이 명확하게 드러날 것이다. 이러한 연구를 통해 우리는, 웃 음의 주요 기능이 어김없이 수행되고 있음을 알게 될 것이 다. 그 기능이란, 방심 상태에 놓인 자존심으로 하여금 스스 로를 명철하게 의식하게 함으로써 사회생활에 아주 잘 적응 하는 성격의 인물이 되도록 하는 것이다. 우리는 또한 허영 이 사회생활의 자연스러운 산물임에도 불구하고 왜 사회를 곤혹스럽게 하는지도 알게 될 것이다. 인체 조직에서 계속 분비되는 소량의 독소가 다른 분비물에 의해 중화되지 않는 다면, 결국 우리의 몸을 중독시키는 것과 비슷한 양상이다. 웃음은 이런 일을 끊임없이 수행한다. 이러한 의미에서 우리는 허영에 대한 특별 치유법은 웃음이며, 허영은 무엇보다도 우스꽝스러운 결점이라고 말할 수 있을 것이다.

　　형태와 움직임에 관한 희극성을 다루었을 때, 우리는 그 자체로 우스꽝스럽고 단순한 몇몇 이미지가 어떻게 해서 복잡한 다른 이미지들 속으로 슬그머니 끼어드는지, 그리하여 자신의 희극적인 특성을 어떻게 다른 복잡한 이미지들 속으로 주입하는지 보여주었다. 이와 같이 최상급의 희극성이 가장 저급한 형태로 설명되기도 했다. 하지만 그 반대의 경우가 아마도 더 빈번한 것 같다. 즉 상당히 조잡한 일부 희극적 효과들은 아주 세련된 희극성의 퇴락에 기인한다. 따라서 희극성의 고급 형태인 허영이야말로, 인간의 행위 하나하나를 통해 무의식적으로라도 아주 세밀하게 찾아보고 싶은 요소다. 우리는 그저 웃기 위해서라도 허영을 찾아내려고 한다. 그리고 허영이 전혀 개입되지 않은 상황에서도, 우리는 곧잘 허영 때문이라고 상상한다. 심리학자들이 대조라는 개념으로 어설프게 설명했던, 아주 조잡한 효과를 내는 희극성도 이 허영이라는 근원에 결부시켜 생각해야 할 것이다. 가령 키가 작은 사람이 커다란 문 아래를 지나면서 몸을 굽힌다든가, 키가 아주 큰 사람과 아주 작은 사람이 서로 팔짱을 끼고서 엄숙하게 걸어가는 경우 등등이다. 이 두번째 이미지를 좀더 면밀히 살펴보면, 키 작은 사람이 키 큰 사람을 향해 **몸을 늘이려고** 안간힘을 쓰는 것처럼 보일 것이다. 황소만큼이나 커지고 싶어 하던 우화 속 개구리[20]와 흡사하다.

20 프랑스 우화 작가 라퐁텐Jean de la Fontaine(1621~1695)이 1668년에 출판한 『우화집*Les Fables*』 1권의 세번째 이야기, 「황소만큼 커지고 싶어 한 개구리」를 말한다.

3. 직업과 희극성

희극 작가의 관심을 불러일으킬 만큼 허영과 결부되어 있거나 허영과 견줄 만한 특이한 성격들을 여기서 일일이 열거할 필요는 없을 것이다. 우리는 이미 온갖 결점, 심지어 경우에 따라서는 몇몇 장점도 희극적일 수 있다고 지적한 바 있다. 이미 알려진 우스꽝스러운 것에 대해 목록이 작성되었다고 해도, 희극은 얼마든지 그 목록을 늘릴 수 있을 것이다. 물론 순전히 상상으로 우스꽝스러움을 만든다는 것이 아니라, 이제까지 간과되어왔던 여러 가지 희극적 **방향**들을 찾아내면 가능한 일이다. 이렇게 해서 상상력은 단 하나의 양탄자에 그려진 복잡한 그림 속에서 늘 새로운 형상을 찾아낼 수 있다. 여기에 기본적인 조건은 특이성이 관찰되는 그 즉시 일종의 **틀** ── 수많은 인물이 끼워 넣어질 수 있는 틀 ── 로서 나타나야 한다는 것이다.

그런데 사회가 분업을 토대로 하고 있는 까닭에 사회가 필요로 하는, 이미 사회 안에서 만들어진 틀이 많이 있다. 숙련된 기술이나 직무, 직업들이 이에 속한다고 할 수 있다.

전문직이라면 어떤 직종이든 그 일에 종사하는 이들은 얼마만큼의 습관적인 사고와 특징적인 성격을 지니게 된다. 그러다 보니 그들끼리 서로 닮게 되고, 다른 사람들과는 구별되는 경향이 생긴다. 이렇게 해서 큰 사회 안에 여러 작은 사회가 구성된다. 이 작은 사회들은 분명 사회 전체의 조직 자체로부터 나온 것이긴 하다. 그렇긴 하지만 너무 고립될 경우에는 사회성에 해가 될 수도 있다. 웃음의 기능이란 바로 이렇게 분리되려는 경향을 억누르는 것이다. 웃음의 역할은 경직된 것을 유연하게 하고, 한 사람 한 사람을 전체와 조화를 이룰 수 있도록 재적응시킴으로써 모나게 행동하는 이들을 원만하게 살아가도록 하는 데 있다. 따라서 이제 우리는 여러 다양한 형태가 미리 규정될 수 있는 희극성, 말하자면 **직업적 희극성**이라고 할 수 있을 희극성에 대해 얘기하고자 한다.

이러한 변종들을 세부적으로 다루지는 않겠다. 그보다는 그들에게 공통적으로 나타나는 점을 살피고자 한다. 무엇보다도 먼저 직업적인 허영이 있다. 주르댕의 선생들은 한결같이 다른 모든 학문보다 자신의 학문이 우위에 있다고 생각한다.[21] 라비슈의 연극에 등장하는 한 인물은 목재상 이

---

21 몰리에르의 발레 희극 「부르주아 귀족」의 2막 2장과 3장, 주르댕을 가르치러 왔던 선생들이 각각 자기 학문의 우위성을 내세우며 서로 말다

외의 다른 직업이 있을 수 있다는 것을 도저히 이해하지 못한다. 그는 물론 목재상이다. 게다가 사기성이 농후한 직업에 종사할수록 허영은 더욱더 **엄숙한 태도**를 취한다. 왜냐하면 직업적 기술이 의심스러울수록, 직업을 행사하는 사람은 자신이 마치 성직이라도 부여받은 듯 생각하는 경향이 있기 때문이다. 그리하여 기술적 신비성 앞에 다른 사람들이 무릎을 꿇도록 몰아대는 것이다. 이것은 주목할 만한 사실이다. 유익한 직업이란 무릇 대중을 위해 있는 것이다. 그러나 쓸모가 있는지 의심스러운 직업의 소유자는 대중이 자기의 직업을 위해 있다고 상상함으로써만 자기 직업의 존재를 정당화할 수 있을 뿐이다. 이러한 망상에서 엄숙한 태도가 나오는 것이다. 몰리에르가 보여주는 의사들의 희극성이 대부분 다 여기에 기인한다. 그들은 마치 환자가 의사를 위해 창조된 존재인 양 환자를 대한다. 자연조차도 의학에 종속된 것으로 간주한다.

이와 같은 희극적 경직성의 또 다른 형태로는 **직업적 무감각**이라고 하는 것이 있다. 희극적 인물은 그가 맡은 직무의 경직된 틀 속에 꽉 틀어박혀 있기에 보통 사람처럼 몸을 움직일 여유가 없을 뿐 아니라 마음조차도 조금도 누그러뜨릴 여지가 없다. 가련한 죄인이 고문당하는 장면을 어

툼하는 장면이다.

떻게 볼 수 있느냐고 묻는 이자벨에게 판사 페랭 당댕[22]이
하는 말을 상기해보자.

　허허, 늘상 한두 시간이면 끝나는걸 뭐.[23]

　오르공의 입을 통해 대신 표현된 타르튀프의 말 또한
일종의 직업적 무감각이 아닌가?

　형제나 아이들, 어머니와 아내가 죽는다고 할지라도
　그따위 일에는 아랑곳하지 않으리![24]

　그런데 어떤 직업을 우스꽝스럽게 만들기 위해 가장 빈
번하게 사용하는 수법은 등장인물로 하여금 직업 고유의 용
어에서 벗어나지 못하도록 하는 것이다. 판사나 의사, 군인

---

22 라신의 희극 「소송광」(1668)에 나오는 인물. 직업 행위에만 사로잡혀
있는 인물로서 하나의 살아 있는 성격이라기보다 희극적인 효과를 끄집
어내기 위해 그린 인물이다.
23 「소송광」 3막 4장.
24 「타르튀프」 1막 5장. 타르튀프는 특정 직업 없이 신앙심이 깊은 척하
는 위선자이다. 위 장면은, 자신의 말을 따르면 세상일에 초연해져서 마
음의 평화를 얻을 수 있다고 한 타르튀프의 말을, 오르공이 처남인 클레
앙트에게 그대로 전한 직후의 장면이다.

이 일상적인 이야기를 하면서 법학, 의학, 군사 전략 용어들로 대화의 내용을 채우는 식이다. 그들은 마치 보통 사람들처럼 평범한 얘기는 할 수 없게 되어버린 듯한 직업인들이다. 보통 이런 종류의 희극성은 상당히 조잡하다. 그러나 앞에서 우리가 지적한 대로 이것이 직업적 습관뿐만 아니라 성격의 특성까지도 나타내면 좀더 섬세한 희극성이 된다. 르냐르의 작품에 나오는 노름꾼을 한번 떠올려보자. 그는 도박 용어로 기발하게 자신의 존재를 드러내는데, 예컨대 하인에게는 헥토르[25]라는 이름을 지어주고, 약혼녀는 이렇게 부른다.

스페이드[26] 여왕의 이름으로 유명한 팔라스[27]여.

「학식을 뽐내는 여인들」은 어떤가. 이 작품의 희극성

---

25 호메로스의 서사시 『일리아스*Ilias*』(B.C. 760~B.C. 710년경)에 나오는 트로이의 왕자. 프리아모스왕의 장남으로, 트로이 전쟁의 발단이 되었던 파리스 왕자의 형이다. 카드놀이에서 다이아몬드의 잭(J)에 해당하는 인물이다.

26 카드놀이에 나오는 네 무늬 중 하나로 창 모양이다.

27 그리스 신화에 나오는 전쟁과 지혜의 여신 아테나를 팔라스 아테나로 부르기도 한다. 아테나는 르냐르 시대 프랑스 카드놀이에서 스페이드의 퀸(Q)으로 등장한다.

은 상당 부분이, 학문적 개념을 여성적 감수성의 용어로 옮겨놓은 데 있다. 예를 들면 "에피쿠로스는 **완전 내 취향이야**" "소용돌이가 **나는 너무 좋아**" 따위의 표현이다. 3막을 다시 한번 읽어보면 아르망드, 필라맹트 그리고 벨리즈[28]가 한결같이 이런 식으로 말하고 있음을 알게 된다.

좀더 나아가보자. 이제 우리는 특정한 직업 사회 안에서 배워야 하는 직업 논리, 말하자면 보통 사람들은 받아들이기 어렵지만, 특정한 직업 사회에서는 진실로 통하는 추론의 방식이 따로 있음을 알게 된다. 그런데 이 두 논리, 즉 특정 논리와 보편 논리의 대비는 특이한 희극적 효과를 낳는다. 따라서 이에 대해 좀더 상세히 논할 필요가 있다. 여기서 우리는 웃음에 대한 이론의 중요한 지점에 다다른다. 이제 문제를 더 확대하여 그 모든 면을 두루 고찰해보고자 한다.

---

28 몰리에르의 희극 「학식을 뽐내는 여인들」에 나오는 주인공들. 아르망드는 필라맹트의 딸이고, 벨리즈는 필라맹트의 시누이로, 세 사람 다 학문에 열중한다고 믿지만 사실은 현학 취미에 빠져 있다.

4. 부조리와 희극성

희극성의 심층적 원인을 밝히는 데 너무 몰두한 나머지 우리는 가장 눈에 띄는 희극적 표현 하나를 지금까지 소홀히 할 수밖에 없었다. 그러므로 이제는 희극적 인물과 희극적 부류만이 갖는 논리에 대해 이야기하고자 한다. 이 논리는 경우에 따라 상당한 내용의 부조리를 내포할 수 있는 이상한 논리가 될 수도 있을 것이다.

테오필 고티에[29]는 기상천외한 희극성을 가리켜 부조리의 논리라고 말했다. 웃음에 관한 몇몇 연구서도 유사한 개념을 중심으로 논리를 전개한다. 희극적 효과는 모두가 어떤 측면에서는 모순을 내포한다. 우리를 웃게 만드는 것은 구체적인 형태로 나타난 부조리, '눈에 확 드러나는 부조리'일 것이다. 혹은 외관상 부조리하게 보이는 것으로, 처음 한순간만 그렇게 느껴졌다가 금세 교정되는 부조리이다. 더

---

29 Théophile Gautier(1811~1872). 프랑스의 작가. 낭만주의로부터 출발해 사실주의를 준비했다고 평가되는 비평가.

나은 예로 어떤 관점에서 보면 부조리하지만, 다른 관점에서 보면 저절로 설명될 수 있는 부조리도 있다. 이 모든 이론에 타당성이 없는 것은 아니다. 그러나 이 이론들은 우선 눈에 빤히 드러나는 일부 희극적 효과에만 적용될 뿐이다. 또한 적용된다고 하더라도 이 이론들은 우스꽝스러움의 특정 요소를 간과하고 있다. 다시 말해 희극성에 부조리가 들어 있는 경우, 그 부조리의 **아주 독특한 방식**에 대해서는 주의를 기울이지 않는 듯하다. 부조리성에 관한 이 여러 정의 중 하나를 택해 공식에 따라 각각의 효과를 구성해보면 확실하게 알 수 있다. 대부분의 경우 희극적 효과를 얻지 못할 것이다. 따라서 희극성에서 접하는 부조리는 여느 부조리가 아니라 특정한 부조리이다. 희극성이 부조리에서 나오는 것이 아니라, 오히려 부조리가 희극성으로부터 만들어진다고 할 수 있다. 부조리는 원인이 아니라 결과, 그것도 아주 특이한 결과, 그와 같은 결과를 낳게 한 원인의 특이한 성격이 반영되어 있는 결과다. 우리는 이 원인에 대해 잘 안다. 그러므로 이제 그다지 힘들지 않게 결과를 이해할 수 있다.

　어느 날 시골길을 산책하다가 언덕에 올라서서 저 아래에 무엇인가가 눈에 들어왔다고 가정해보자. 그것은 움직이지 않는 큰 물체처럼 보이는데, 빙글빙글 도는 팔이 여럿 달려 있다. 당신은 아직은 그것이 무엇인지 잘 모른다. 아마도 당신은 **생각** 속에서, 말하자면 기억이 허용하는 범위 안에서 돌이켜보며 지금 막 본 것과 가장 잘 들어맞는 기억의 물건을 찾아낼 것이다. 그러자 곧 풍차의 모습이 머리에 떠오르고, 당신 눈앞에 있는 것 또한 풍차다. 설사 당신이 집을 나서기 직전에 끝없이 긴 팔을 가진 거인의 이야기를 동화책에서 읽었다고 해도 상관없다. 왜냐하면 양식bon sens이란 물론 기억할 수 있는 능력이긴 하지만, 특히 잊어버리는 능력이기도 하기 때문이다. 양식은 대상이 바뀜에 따라 생각도 달리하면서 적응하고, 재차 적응하려는 부단한 정신의 노력이다. 그것은 사물의 변화에 정확하게 맞출 줄 아는 지성의 유연성이다. 결국 삶을 향해 끊임없이 움직이며 나아가는 인간의 주의력인 셈이다.

그런데 여기, 이제 막 전장에 나가는 돈키호테가 있다. 그는 얼마 전 이야기책을 읽었다. 그 책에는 길을 가던 기사가 거인의 무리를 적수로 맞닥뜨리는 장면이 나온다. 그러므로 돈키호테에게는 거인이 필요하다. 거인에 대한 생각은 아주 특별한 기억으로 그의 마음속에 단단히 자리 잡고서는 꼼짝 않고 숨어 있다가, 한시라도 밖으로 뛰쳐나가 현실화될 기회를 애타게 엿보는 중이다. 즉 이 기억은 구체적으로 현실이 되고 **싶은** 것이다. 그러므로 맞닥뜨리는 첫번째 사물이 거인의 형상과 아주 조금이라도 닮은 점이 있으면, 기억에 의해 그 사물은 거인의 형상으로 둔갑한다. 그리하여 우리에겐 풍차로 보이는 것이 돈키호테의 눈에는 거인으로 보이는 것이다. 이는 희극적이면서 또한 부조리하다. 그러나 이것이 여느 평범한 부조리일까?

이 경우 부조리는 특이하게 뒤집어진 상식, 즉 거꾸로 된 상식이다. 사물을 근거로 생각하지 않고, 이미 가지고 있는 생각에 사물을 끼워 맞추는 것이다. 눈앞에 보이는 것을 생각하는 대신 생각하는 것을 눈앞에서 보는 것이다. 양식이 있는 사람이라면 모든 기억을 잘 정돈해두고, 상황에 따라 적절한 기억을 꺼내 잘 대처한다. 이와 달리 돈키호테에게는 하나의 특정한 기억 다발이 다른 모든 기억을 억누르면서 인물 전체를 지배한다. 이 경우 현실은 상상력 앞에 무릎을 꿇게 마련이고, 상상력에 형체를 부여하는 역할만 할 뿐이다. 일단 머릿속에 망상이 자리 잡고 나면, 돈키호테는 망상을 그럴싸하게 발전시켜 온갖 일이 벌어지게 된다. 그리하여 그는 스스로의 꿈대로 움직이는 몽유병자처럼 확신을 갖고, 아주 정확하게 움직인다. 이것이 실수의 기원이며, 부조리를 낳는 특수한 논리다. 그런데 이 논리는 유독 돈키호테에게만 있는 것인가?

우리는 이미 희극적 인물의 결함이 정신 혹은 성격의 완고함, 방심, 기계적 동작 등에서 기인한다는 점을 지적한 바 있다. 희극성의 근저에는 어떤 종류의 경직성이 있다. 바로 이 경직성으로 인해 자기 길만을 줄곧 고집하고, 그 어떤 것도 귀담아듣지 않으며, 아예 아무것도 듣고 싶어 하지 않는다. 몰리에르 연극의 수많은 희극적 장면 모두가 이 단순한 유형으로 귀결되고 있지 않는가! **자기 자신의 생각에 사로잡힌 인물**은 아무리 만류해도 고집스럽게 자신의 생각으로 되돌아간다. 그리하여 아무것도 들으려고 하지 않는 사람에서 아무것도 보지 않으려는 사람으로, 결국에는 자기가 원하는 것만을 보려는 사람으로 서서히 이행해간다. 고집불통의 정신은 사물을 보고 사물에 맞게 생각하는 것이 아니라, 사물을 자기 생각에 끼워 맞추도록 한다. 그러므로 희극적인 인물은 모두 다 우리가 조금 전에 묘사한 망상의 길 위에 있으며, 돈키호테는 희극적 부조리의 보편적 유형이라고 할 수 있다.

이러한 상식의 전도에도 이름이 붙어 있을까? 갑자기 나타나든 고질적이든, 이런저런 광기의 모습을 띠는 상식의 전도는 여러 가지 면에서 고정관념과 유사하다. 그러나 일반적인 광기나 고정관념은 우리를 웃기지 않는다. 왜냐하면 그것들은 병이기 때문에 오히려 우리의 동정심을 불러일으킨다. 웃음은 감정과 양립할 수 없다는 것을 우리는 안다. 만약 우스꽝스러운 광기가 있다면, 그것은 건강한 정신 상태의 광기, 말하자면 정상적인 광기라고 할 수 있다. 그런데 모든 점에서 광기를 모방하는 정상 상태의 정신이 있다. 여기에는 정신이상에서 보이는 것과 똑같이 뒤섞인 생각들, 고정관념을 지배하는 것과 똑같은 특이한 논리가 있다. 이는 바로 꿈의 상태다. 따라서 우리의 분석이 부정확하지 않다면, 다음과 같은 공식이 정립될 수 있다. **희극적 부조리는 꿈의 부조리와 그 성격이 같다.**

꿈속에서 정신의 활동은 우리가 방금 묘사했던 그대로 진행된다. 정신은 제 스스로에게 사로잡혀 있는 만큼, 오직 자신의 상상을 구체화할 수 있는 구실만을 바깥 세계에서 찾는다. 우리가 잠을 잘 때에도 여전히 소리는 어렴풋이 들려오고 색깔도 시각의 영역에서 맴돌고 있다. 즉 우리의 감각이 완전히 닫힌 것은 아니다. 그런데 몽상가는 그의 감각으로 지각된 것이 무엇인지 이해하기 위해 자신의 기억을 총동원하지 않는다. 그 대신 자기가 지각한 내용을 가지고 자신이 특별히 좋아하는 기억을 구체화한다. 벽난로에서 들리는 바람 소리도 꿈꾸는 사람의 정신 상태에 따라, 또한 그의 상상 속에 꽉 차 있는 생각에 따라, 야수의 울부짖음이 되기도 하고 감미로운 노래가 되기도 한다. 꿈에서의 환상은 보통 이런 식으로 진행된다.

희극적 환상이 꿈의 환상이고 희극성의 논리가 꿈의 논리라면, 우스꽝스러움의 논리 가운데 꿈의 논리의 여러 가지 특성을 찾아볼 수 있을 것이다. 여기서 다시 한번, 우리가 잘 아는 법칙이 입증된다. 즉 우스꽝스러운 것의 형상이 하나 제시되기만 하면, 똑같은 내용이 아니라도 외형이 비슷하다는 이유로 다른 형상들도 우스꽝스러워진다. 또한 **생각의 연상 작용**이 꿈에서의 연상 작용을 떠올리게 한다면, 그것이 무엇이든 우리를 웃게 하리라는 것도 쉽게 알 수 있다.

우선 추론의 규율이 전반적으로 해이해진 상태에 주목해보자. 어떤 추론이 엉터리라는 것을 알면서도 꿈에서라면 사실이라고 여길 만할 때, 우리는 웃을 수 있다. 이 엉터리 추론은 명철한 이성적 추론을 그럴듯하게 모방하여 잠든 정신을 속여 넘긴다. 이 역시 논리이기는 하지만 느슨하게 맥이 빠진 논리이기에 우리의 이해력을 해이하게 만드는 것이다. 많은 '재담'이 이러한 종류의 추론으로, 출발점과 결론만이 제시되는 간략화된 추론이다. 개념들이 서로 피상적인 관계로 맺어져 있을수록 재치 놀이는 점점 말장난에 가까워진다. 귀에 들어오는 말의 의미는 점차적으로 뜻을 잃어버리게 되고, 다만 그 소리에 귀를 기울이게 된다. 이런 식으로 아주 희극적인 어떤 장면들은 꿈과 상당히 유사하다. 가령 다른 인물이 자기 귀에 속삭이는 말을 잘못 알아듣고 틀에 박힌 듯이 되지도 않는 말을 되풀이하는 인물의 경우가 이에 속한다. 잡담을 주고받는 사람들 사이에서 당신이 잠들면, 그들이 하는 말은 점점 의미를 잃게 되고 여러 사람의 소리마저 변형되어 아무렇게나 한목소리로 합해져서 이상야릇한 뜻을 지니게 될 때가 종종 있다. 이 경우, 말하는 상대와 마주하고 있는 당신은 프티 장Petit-Jean과 프롬프터 사이의 장면[30]을 재연하고 있는 것이다.

꿈속 강박관념과 매우 유사한 **희극적 강박관념**도 있다. 연달아 꾸는 꿈에서, 서로 공통점이 없는데도 똑같은 이미지가 반복해 나타나 꿈마다 그럴듯한 의미를 띠게 되는 경험은 누구나 해보지 않는가! 반복의 효과가 연극이나 소설에서 이처럼 특수한 형태를 보여주는 예가 가끔 있다. 그중 어떤 것들은 꿈속의 반향 같은 것이다. 그리고 아마도 수많은 노래에 딸려 있는 후렴구도 마찬가지일 것이다. 그것은 각 절 끝에서 매번 다른 가사로, 똑같은 음절을 예외 없이 되풀이한다.

우리는 꿈에서 특이하게 **점차 강해지는 현상**crescendo, 갈수록 점점 더 이상야릇해지는 현상을 드물지 않게 본다. 일단 이성의 테두리에서 벗어나기만 하면 바로 다음 결과가 생기고 이는 또 더욱 심각한 결과를 초래하는 식으로, 결국 최종적으로 부조리에까지 이르게 된다. 그런데 부조리를 향해 이와 같이 나아감에 따라 꿈꾸는 사람은 특이한 기분을 느끼게 된다. 이것은 취객이 술을 마시며 논리고 예절이고 무엇이든 될 대로 되라는 식의 기분 좋은 상태로 미끄러

---

30 라신의 희극 「소송꾼」 3막 3장. 정신이 혼란해진 사람들을 돕기 위해 나온 프롬프터의 말을 프티 장이 아무 생각 없이 기계적으로 반복함으로써 말의 원래 의미가 상실되는 장면이다.

져 들어갈 때 느끼는 것과 유사하다. 이제 몰리에르의 몇몇 희극에서 이와 같은 느낌을 주는 예를 살펴보자.「푸르소냑 씨」의 경우, 시작은 그런대로 사리에 맞았으나 끊임없이 온갖 종류의 엉뚱한 일들이 벌어진다.「부르주아 귀족」에서는 극이 진행됨에 따라 인물들이 광기의 소용돌이에 휩쓸려 들어가는 듯하다. "더 미친놈을 찾을 수만 있다면 로마에까지 가서 알려야지." 연극이 끝났음을 알리는 이 말을 듣고서야, 비로소 우리는 주르댕과 함께 갈수록 더 황당한 꿈속을 헤매던 상태에서 깨어나게 된다.

그러나 꿈에는 도저히 말이 안되는 특이한 광증이 있다. 꿈꾸는 사람의 상상 속에서는 너무도 자연스럽지만, 깨어 있는 사람의 이성으로는 이해되지 않는 아주 독특한 모순 현상이 있다. 경험해보지 못한 사람에게 이런 것을 확실하고 정확하게 이해시키기란 불가능하다. 가령 두 사람이 마치 한 사람인 듯하다가 동시에 확실히 구분되면서 묘하게 섞이는 경우가 꿈에서 얼마나 자주 있는 일인지를 떠올려보라. 보통 이 둘 중 한 사람은 잠자는 사람 자신이다. 그는 여전히 자기 자신 그대로라는 느낌을 갖고 있긴 하지만, 어느새 다른 사람이 되어 있다. 그는 자기 자신인 동시에 자신이 아닌 것이다. 자기가 말하는 것을 듣고 행동하는 것을 보면서 누군가가 자신의 몸과 목소리를 빌려 사용하는 듯이 느낀다. 혹은 평소와 다름없이 자신이 말하고 행동한다고 의식할 것이다. 다만 자기 자신에 대해 마치 아무런 공통점도 없는 완전히 낯선 사람인 듯 이야기할 것이다. 자기 자신으로부터 떨어져 나온 것이다. 희극 작품 중에는 이처럼 기이한 혼란이 빚어지는 장면이 없지 않다. 굳이 「앙피트리옹」[31]에 대해서 말하는 것이 아니다. 물론 이 작품에는 혼란이 암시되어 있고, 관객이 혼란을 의식한다. 하지만 그보다 이 작품에서 희극적 효과의 대부분은 우리가 앞에서 명명한 '일련의 두 사건의 간섭'에서 연유한다. 내가 얘기하고자 하는 바는 이상야릇한 희극적 추론 현상으로, 이때의 혼란은 진정 순수한 상태 그대로 나타나는 것이다. 물론 혼란을 밝혀내기 위해서는 깊이 성찰하는 노력이 있어야 한다. 예를 들어 마크 트웨인[32]이 인터뷰하러 온 기자에게 대답한 내용을 살펴보자. "형제가 있으세요? ― 그럼요. 이름이 빌이었죠. 가련한 빌! ― 죽었나요? ― 그걸 알 도리가 없었어요. 이 일에는 어마어마한 미스터리가 있답니다. 죽은 아이와 저는 쌍둥이였는데, 태어난 지 보름이 되었을 때 같은 욕

---

31 몰리에르의 희극(1668). 99쪽의 주29 참조.
32 Mark Twain(1835~1910). 미국의 신문 기자, 소설가, 유머 작가. 철저하게 미국적인 작가로 반유럽적이며, 반제국주의자인 그는 점차 현대 문명 전체를 비판하기에 이른다. 작품으로는 『톰 소여의 모험 The Adventures of Tom Sawyer』(1876), 『허클베리 핀의 모험 The Adventures of Huckleberry Finn』(1885) 등이 있다.

조에서 목욕 중이었지요. 그러다가 우리 둘 중 하나가 물에 빠져 죽게 되었어요. 그런데 그게 누구인지를 알 수 없었죠. 어떤 사람은 빌이라고 하고, 다른 사람들은 저라고 생각했습니다. — 이상한 일이군요. 하지만 당신은 어떻게 생각하십니까? — 들어보세요. 제가 지금까지 그 누구에게도 밝히지 않았던 비밀을 털어놓지요. 우리 둘 중 하나에게는 유별난 특징이 있었는데, 그건 왼쪽 손등에 보이는 커다란 점이라오. 그 점이 있는 아이가 바로 저인데요. 그런데 바로 그 아이가 물에 빠져 죽었지 뭡니까." 좀더 깊이 들여다보면 이 대화의 부조리는 보통의 부조리가 아님을 알 수 있다. 이 부조리는 말하는 사람이 문제의 쌍둥이 중 하나가 아니라면 성립되지 않는 종류의 것이다. 이는 마크 트웨인이 스스로 쌍둥이라고 하면서, 마치 제3자가 쌍둥이에 관한 이야기를 하는 것처럼 자기 자신에 관해 이야기하는 데서 연유한 부조리이다. 흔히 우리는 꿈에서 종종 이런 식으로 생각하게 된다.

5. 웃음의 복합성

바로 앞에서 서술한 관점을 고려해보면, 희극성은 우리가 전에 제시했던 것과는 조금 다른 측면을 드러내는 것 같다. 지금까지 우리는 웃음을 무엇보다도 교정의 수단이라고 여겨왔다. 희극적인 여러 가지 효과를 쭉 늘어놓고, 그 가운데에서 지배적인 몇몇 전형을 따로 떼어내 살펴보라. 그러면 당신은 중간중간에 등장하는 희극적 효과들은 이 지배적 전형들과 유사한 형태로 나타난다는 것을 알게 되리라. 또한 희극적 전형은 모두가 사회에 과감하게 맞서서 대응하는 무례한 행위의 표본임을 알 수 있을 것이다. 이 무례한 행위에 대해서 사회는 한층 더 무례한 웃음으로 응수한다. 그러므로 웃음이란 너그럽다고는 할 수 없다. 오히려 악을 악으로 되갚아주는 것이리라.

그러나 우스꽝스러움을 포착할 때 우리가 먼저 느끼는 것은 이런 정신적 영역이 아니다. 희극적 인물은 대부분 몸짓이나 행동이 눈에 보이는 그대로 우리 마음에 드는 인물이다. 따라서 우리는 아주 잠깐 동안이나마 그의 입장에 서서 몸짓과 말, 행동을 흉내 내본다. 또 우리가 재미있어하는 그의 우스꽝스러운 점을 그 자신도 우리와 함께 즐기기를 상상 속에서 권하기도 한다. 우리는 희극적 인물을 우선 친구로 대하는 것이다. 일단 웃는 사람의 얼굴에는 선의와 상냥함과 쾌활함이 드러난다. 이 점을 고려하지 않는다면 잘못이다. 특히 웃음에는 긴장이 풀어져 **이완**détente된 움직임이 나타나는데, 이를 자주 주목하긴 했으나 우리는 여기에서 그 이유를 밝혀내야 한다. 바로 앞글에서 든 예들을 보면 이것을 확실히 느끼게 되는데, 우리는 이러한 느낌이 어디서 오는지 설명할 수 있을 것이다.

희극적 인물이 자신의 생각을 자동기계처럼 계속 따라간다면, 그는 결과적으로 마치 꿈속에서처럼 생각하고 말하고 행동하게 된다. 그런데 꿈은 바로 긴장이 이완된 상태다. 매사 적절하게 잘 대처하고, 사람들과 관계를 유지해나가며, 눈앞에 있는 것만 보고 현재 상황만을 생각하려면 끊임없이 노력하여 지적인 긴장을 유지해야 한다. 양식이란 이러한 노력 자체이며, 힘들여 일하는 지적 노동이다. 이와 달리 실제 상황에 대해서는 흥미 없이 이런저런 이미지만 떠올리면서, 논리는 완전히 무시하고 엉뚱한 생각만 하는 것은 단순히 놀이, 아니 차라리 게으름이라고 할 수 있다. 따라서 희극적 부조리는 무엇보다 생각들을 가지고 노는 놀이라는 인상을 준다. 이 놀이에 우리는 즉각 가담한다. 논리적으로 생각하는 지적 긴장 상태의 피곤함에서 벗어나 편히 쉬고 싶은 것이다.

그런데 다른 형태의 우스꽝스러움에 대해서도 마찬가지로 말할 수 있을 것이다. 이미 지적했듯이 희극성의 근원에는 언제나 완만한 내리막길을 따라 미끄러지려는 경향이 있다. 이러한 내리막길은 대개의 경우 습관의 내리막길이어서 쭉 미끄러져갈 뿐, 자신이 속한 사회에 끊임없이 적응하고 재적응하려는 노력을 하지 않는다. 살아가는 데 꼭 필요한 주의력이 해이해져서 방심한 사람과 어느 정도 비슷해진다. 그런데 이는 지성의 방심이라기보다 의지의 방심이다. 방심이기는 하지만 결과적으로 게으름이다. 바로 위에서 언급한 희극적 인물이 논리와 관계를 끊었듯이, 습관이 몸에 배어 타성이 된 사람은 사회적 관례와 단절해버린다. 결국이들은 놀이하는 사람처럼 보인다. 이때도 우리는 게으름으로의 초대를 주저 없이 받아들인다. 적어도 우리는 한순간이나마 놀이에 가담한다. 사회생활에서 요구되는 주의력의 긴장 상태, 피곤함에서 벗어나 편히 쉬고 싶은 것이다.

그러나 우리의 휴식은 잠깐으로 그친다. 희극적인 것을 감지했을 때의 공감이란 금방 사라지는 것으로, 공감 역시 방심 상태에서 오는 것이다. 마치 엄격한 아버지가 깜빡 잊고 아이의 장난에 어울렸다가 곧 그만두고는 몹쓸 장난이라고 아이를 꾸중하는 것과 마찬가지다.

웃음은 무엇보다도 교정의 의도를 담고 있다. 웃음은 모욕감을 주기 위한 것이기에 웃음의 대상에게 기분 나쁜 느낌을 불러일으켜야 한다. 제멋대로 살아가는 사람들에게 사회는 웃음으로 복수하는 것이다. 웃음에서 만일 공감과 선의가 드러난다면, 이 원래의 목표에 도달하지는 못할 것이다.

이에 대해 다음과 같이 말할 사람들도 있으리라. "적어도 의도만큼은 선의일 수 있다. 사랑하기 때문에 매를 든다는 식이다. 웃음도 최고의 선善을 위한다는 명분으로, 밖으로 드러나 있는 결점을 처벌함으로써 교정시키고 내면세계를 개선하게끔 해준다."

이 점에 관해서는 논란의 여지가 많을 것이다. 일반적으로 그리고 대체적으로는 웃음이 유용한 기능을 행사한다는 것은 의심할 여지가 없다. 더욱이 우리의 모든 분석은 이를 논증하는 데 바쳐졌다. 그렇다고 해서 웃음이 늘 정곡을 찌르는 것도 아니고, 호의라든가 공정한 생각에서 흘러나온다고는 할 수 없다.

웃음이 늘 정곡을 찌르기 위해서는 심사숙고하는 작업이 선행되어야 한다. 그런데 웃음이란 자연 발생적으로, 말하자면 사회생활의 오랜 습관을 통해 우리에게 타성이 되어버린 자동기계장치의 작동에서 나오는 단순한 결과다. 웃음은 재빠르게, 그야말로 잽싸게 응수하며, 어디를 겨냥하는지 볼 여유도 없이 터져 나온다. 웃음이 결점들을 징계하는 것은 무리하는 사람에게 병이 생기는 것과도 똑같다. 병은 무고한 사람들을 덮치기도 하고, 범죄자들은 모면해주기도 하여, 사람을 일일이 가리지 않고 누구에게나 똑같이 찾아올 수 있다. 의식적인 심사숙고를 거치지 않고 자연 발생적으로 이루어지는 것은 다 이런 식이다. 정의의 평균치는 전체적인 결과로 나타나는 것이지, 일일이 개별적 경우로서 나타나지는 않는다.

이렇게 보면 웃음은 결코 공정하지 않다. 반복하건대 분명 선하지도 않다. 웃음의 기능은 모욕을 줌으로써 상대방을 위압하는 것이다. 아무리 선한 사람이라도 천성적으로 약간의 짓궂음이나 상대방을 놀려먹고 싶은 마음이 전혀 없다면, 웃음은 성공적인 효과를 거둘 수 없으리라. 이 점에 대해서는 너무 깊이 파고들지 않는 것이 낫겠다. 그래 봐야 기분 좋아질 내용은 전혀 없고 다음과 같은 사실을 직시해야 할 것이다. 즉 긴장의 이완과 확산은 웃음의 서막에 불과하고, 웃는 사람은 금세 자신으로 돌아와 다소 오만한 마음가짐으로 타인을 자신이 조종하는 꼭두각시인 것처럼 취급한다. 게다가 이러한 자만심에는 어느 정도의 이기주의도 도사리고 있다. 이기주의의 배후에는 덜 즉흥적이고 더욱 신랄한 무엇인가도 웅크리고 있다. 그것은 정체 모를 비관주의라고나 할까, 웃는 사람이 자신의 웃음을 분석하면 할

수록 더욱더 분명하게 모습을 드러내는 것이다.

흔히 그렇듯 여기서도 자연은 선을 위하여 악을 이용했다. 이 책 전체를 통해 우리가 특히 몰두한 부분은 선善이다. 사회가 완벽해질수록 사회의 구성원들은 더욱 잘 적응하여 아주 유연한 집단이 된다. 따라서 사회는 유연성을 토대로 점점 더 탄탄한 균형을 이루게 된다. 사회라는 거대한 집단에는 반드시 혼란스러운 요소들이 우글거리게 마련인데, 유연하고 균형 잡힌 사회일수록 혼란 요소들은 점점 더 바깥으로 밀려나게 된다. 웃음은 이 표면층의 혼란 요소들을 대상으로 우리에게 그 진상을 뚜렷이 보여줌으로써 사회에 유익한 기능을 수행하는 것이다.

이런 식으로 바다의 표면에서는 파도들이 끊임없이 싸우는데 바다 밑은 깊은 평화로 잠잠하다. 파도와 파도는 서로 부딪치고 서로 어긋나면서 균형을 찾아 나간다. 하얗고 가벼운, 그리고 경쾌한 물거품이 굽이치는 파도를 따라다닌다. 때로는 사라져가는 파도가 모래사장에 약간의 거품을 남긴다. 가까이에서 노는 아이는 한 줌의 물거품을 쥐었으나 손바닥에 몇 방울의 물만 남은 것을 보고 놀라게 된다. 그러나 몇 방울의 물은 그것을 몰고 왔던 파도보다 훨씬 짜고 쓰다. 웃음은 이렇게 물거품처럼 부서지며 생겨난다. 웃음은 사회생활의 표면에 드러나는 가벼운 반항들에 주목한다. 서로 부딪치고 깨어지는 파도처럼 끊임없이 동요하는

모습을 웃음은 순간적으로 포착해 그려주는 것이다. 웃음
역시 짭짤한 거품이며 혀를 자극한다. 웃음은 즐거움이다.
그러나 웃음을 그러모아 살짝 맛을 보면 철학자의 혀끝에는
약간의 쓸쓸함이 감돌 것이다.

23판에 붙인 저자의 부록
― 희극성의 정의 및 그 방법

『르뷔 뒤 무아』[1]에 게재된 흥미로운 글에서 이브 들라쥬[2] 씨는 희극성에 관한 우리의 개념에 대해 그 자신의 정의로 맞섰다. "어떤 것이 희극적이기 위해서는 원인과 결과 사이에 부조화가 있어야 한다." 들라쥬 씨의 정의는 대부분의 이론가가 희극성을 연구할 때 따르는 방법이기 때문에 그 방법이 어떤 점에서 우리의 방법과 다른지를 밝히는 것이 필요할 듯하다. 그래서 우리는 동일한 잡지[3]에 게재한 답변의 요지를 여기 다시 싣는다.

희극성은 겉으로 보이는 몇 가지의 일반적 특성으로 정의할 수 있다. 이 특성들은 곳곳에서 수집한 희극적 효과들

---

1 (원주) *Revue du mois*, 1919년 8월 10일, 20권, 337쪽 이하. (옮긴이 주) 1906년에 창간된 후 20여 년간 매월 혹은 격월로 발행되었으며 과학과 문학을 주로 다루었다.

2 Yves Delage(1854~1920). 프랑스의 동물학자.

3 (원주) 같은 잡지, 1919년 11월 10일, 20권, 514쪽 이하.

속에서 어렵지 않게 찾을 수 있다. 이런 식으로 희극성을 정의하는 것은 아리스토텔레스 이래로 무수히 시도되어왔으며, 들라쥬 씨의 정의 또한 이러한 방법을 통해 얻어진 것으로 보인다. 들라쥬 씨는 원을 하나 그리고, 우연히 수집된 희극적 효과들이 그 안에 속해 있다는 점을 보여준다. 통찰력이 있는 관찰자가 보여주는 것이므로 문제의 특성들이 희극적인 것에 속한다는 것은 의심할 여지가 없다. 그러나 그러한 특성들이 희극적이지 않은 경우도 많다는 것이 내 생각이다. 들라쥬 씨의 정의는 대체로 지나치게 광범위하다. 그것은 정의하는 데 필요한 논리적 사항 중 하나를 만족시켜주는 데 그친다. 사실 좋은 착안이라고 인정하지만, 그것이 어떤 **필요**조건을 보여주되, 채택된 방법에 비추어 볼 때 **충분**조건을 제시할 수 있으리라고는 생각하지 않는다. 이런 식의 많은 정의가 모두 다른 말을 하는데도 똑같이 받아들여진다는 것이 그 증거다. 또한 특히 그 정의들 중 내가 아는 한 그 어떤 것도 대상을 만드는 방법, 즉 희극성을 낳는 방법을 제공하지는 않는다는 점도 또 다른 증거다.[4]

나는 전혀 다른 방법을 시도한바 희극, 소극, 광대의 곡예 등에서 희극성의 **창출 기법**을 찾고자 했다. 그리하여 전

4 (원주) 우리는 여러 정의의 불충분함을 이 책의 곳곳에서 간략하게 지적했다.

체적인 하나의 주제가 있고, 그것의 다양한 변형이 바로 그 기법들임을 알게 되었다. 단순화하기 위해 주제를 명시하긴 했지만, 중요한 것은 무엇보다도 그 변형들이다. 어떤 주제든 그것은 일반적인 정의를 제공하고, 바로 그것이 희극성을 창출하는 구성 규칙이 되는 것이다. 또한 우리와 다른 방법으로 찾아낸 정의들이 지나치게 광범위했던 것처럼, 이렇게 얻은 우리의 정의는 언뜻 보기에 너무 협소해 보일 수 있다는 점을 인정한다. 이 정의가 협소해 보이는 이유는 본질적으로, 또 그 자체로 웃기는, 다시 말해 내용의 구조가 우스꽝스러운 것과는 별도로, 그것과 겉으로만 비슷해도 웃기고, 이 겉으로만 비슷한 것과 우연히 연관되기만 해도 웃음을 불러일으키는 경우가 비일비재하기 때문이다. 이런 희극의 생성은 무한히 이루어지는데, 왜냐하면 우리 인간은 웃기를 좋아하고 웃기 위한 어떠한 구실도 마다하지 않기 때문이다. 그렇기 때문에 연상 작용의 구조는 극도로 복잡할 수밖에 없다. 이러한 방식으로 희극성을 연구하는 심리학자는 하나의 공식 안에 희극성을 가둠으로써 이 문제를 깔끔하게 매듭짓지는 않는다. 그 결과, 끊임없이 새로 나오는 어려운 문제들에 직면해야 하고, 모든 희극적인 사례를 고찰하지 않았다는 비난을 들을 우려가 항상 있는 것이다. 다른 사람들이 반론으로 제시하는 사례에 그가 자기 이론을 적용해서, 그것들이 희극적인 이유는 원래 희극적인 것과의 유사성 때문이라는 점을 증명한다면, 사람들은 또다시 쉽게 다른 예들을 찾을 것이고 이것은 끝이 없을 터이다. 그는 아마도 줄기차게 작업을 계속해야 할 것이다. 반면에 그는 희극성을 꽤 넓은 테두리 안에 모아서 넣어두기보다는 희극성이 정확하게 무엇인지를 터득하게 될 것이다. 만일 성공한다면 희극성 창출 기법도 제시할 수 있을 것이다. 그는 학자의 엄정함과 정확함을 가지고 연구를 진척시켜나갈 것이다. 이런저런 수식어(적절한 수식어는 붙이기 나름이지만)를 갖다 붙이면서 희극성의 문제를 해결했다는 식으로 생각하지도 않을 것이다. 필요한 것은 분석이고, 희극성을 재구성할 수 있을 때라야 분석이 완벽했음이 입증될 것이다. 내가 시도했던 기획이 바로 이것이다.

덧붙여 말하자면, 나는 우스꽝스러운 것을 만드는 제작 기법들을 규명하고자 했을 뿐만 아니라 사회가 웃을 때 그 의도가 무엇인지도 찾고자 했다. 왜냐하면 우리 인간이 웃는다는 것은 매우 놀라운 일인데, 위에서 언급한 설명 방법으로는 이 조그마한 수수께끼가 풀리지 않기 때문이다. 예컨대 나는 유독 왜 '부조화'만이 부조화라는 이유로 인해 그것을 보는 사람에게 웃음과 같은 특이한 표현을 불러일으키는지에 대해 알 길이 없었다. 장점이든 단점이든 다른 많은 특성은 그것을 보는 사람의 안면 근육을 움직이게 하지 않는데 말이다. 그러므로 희극적 효과를 낳는 **부조화의 특별**

한 원인이 무엇인가를 탐구해야 한다. 사회가 그런 경우에 왜 의사 표현을 꼭 하려는지를 설명할 수 있어야만 제대로 원인이 밝혀지는 것이다. 희극성을 낳는 원인에는 사회생활에 미미하게 위배되는(또한 **특이하게** 위배되는) 무엇인가가 있게 마련이다. 사회가 희극성을 상대로 방어하는 제스처, 아니면 살짝 겁주려는 몸짓으로 대응하는 것을 보면 알 수 있다. 나는 이 모든 것을 고려했다.

옮긴이의 말

아리스토텔레스가 『시학』에서 희극을 "보통인 이하의 악인을 모방"한 것으로 정의한 이래로 희극과 희극성, 웃음과 관련된 문제를 해결하려는 철학적·미학적 시도들은 꾸준히 지속되고 있다. 그러나 아리스토텔레스 자신도 비극과 서사시에 비해 희극에 관해서는 극히 간단하게 언급하는 데 그쳤듯 많은 철학자, 미학자들은 이 문제를 주된 연구 대상으로 삼지는 않았다. 왜일까? 희극이 보통 이하의 예술로 취급당한 까닭일까? '감동'이나 '눈물'보다 '웃음'은 한 차원 낮은 것으로 간주된 탓인가? 바로 그렇기 때문에 우리는 베르그송의 『웃음』을 읽어야 한다. 주제의 중요성에 비해 지나치게 두꺼운 책이 되지 않도록 하려는 배려 속에서 이 책을 엮었다고 하는 그의 말에서 웃음의 문제를 간단히 보려는 관점이 드러나고, 또한 그의 이론이 웃음의 성격을 완벽하게 설명한다고 볼 수도 없다. 그러나 그는 기존의 웃음에 관한 이론과는 크게 다른 방법으로 접근한다. 인간이 뿌리치기 어려운 유혹인 웃음의 본질과 효과는 무엇일까,라는 질문에 그의 시각을 통해 참신한 답을 얻을 수 있을 것이다.

웃음에 관한 주요 두 이론으로는 우월 이론과 대조 이론이 있다. 우월 이론은 말 그대로 상대방보다 자신이 우월하다는 인식을 통해, 즉 우리에게 고통이나 해악을 끼치지는 않는 일종의 과오나 추악함을 자신도 모르게 저지르는 인물에 대해 심적인 우위를 점함으로써 웃는다는 것으로, 플라톤과 아리스토텔레스, 홉스가 주장하던 바이다. 이에 반해 대조 이론은 예상과 결과의 불합리한 대조에 의해 웃음이 유발된다고 보는 입장이다. 이 이론은 가령 몸집이 아주 큰 남자가 아기 같은 목소리를 내는 것을 보고 우리가 웃는 이유를 설명해줄 수 있다. 대조 이론을 주장했던 학자로는 칸트, 프로이트 등이 있다.

우월 이론의 경우, 바로 앞에서 언급한 대조 이론의 사례나, 놀이를 즐기면서 웃는 아이의 웃음(가령 프로이트가 설명한바, 엄마와 같이 놀던 아이는 엄마가 사라지면 두려워하다가도 다시 까꿍 하면서 나타나면 까르르 웃는다. 여기에 어디서 우월감을 찾을 수 있는가?) 등을 설명할 수 없다는 한계가 있다. 또한 베르그송도 23판의 부록에서 지적하고 있듯이, 대조 이론도 대조가 되는 것이 우스꽝스러운 경우가 많기는 하나 그렇지 않은 경우도 있고, 모든 우스운 것이 대조에서 나오는 것은 아니라는 점에서 한계가 있는 이론이다.

베르그송은 이러한 이론의 한계를 인식하는 것으로부터 출발했음에 틀림없다. 또한 웃음이 웃는 자의 심리적인 상태나 웃음의 대상이 보여주는 일면만으로 설명될 수도 없고, 그런 식의 설명이 몇몇 경우에는 적절히 적용될 수 있으나 희극적인 것이 어떻게 만들어지는지는 설명하지 못하리라는 점도 분명히 인식한다. 그리하여 베르그송은 "생명적인 것에 덧붙여진 기계적인 것"이라는 중심 주제를 모든 희극적인 것 속에서 찾아낸다. 그리고 그것이 희극적이 되기 위해서는 관객이 공감하거나 감정적으로 대하지 않고 무감동한 상태로 보아야 한다는 것에 주목한다. 이렇게 해서 나오는 웃음의 성격을 개인적이거나 유희적으로 살피기보다는 집단적·사회적 의미로 파악하여, 웃음을 "사회생활을 방해하는 어떤 결점에 대한 징벌"이라는 사회적 기능으로까지 본다.

우리는 베르그송이 비교적 포괄적으로 웃음을 다룬다는 점을 인정하면서도 지나치게 웃음의 유용성을 강조한 나머지 웃음의 미묘한 차이를 너무도 간단히 무시하고 있음을 본다(우리는 단순히 유쾌하기 위해서도 웃고, 간지럼 때문에도 웃으며, 심지어 반사회적인 도덕관을 지닌 자는 사회를 조롱하면서 웃기도 한다). 또한 베르그송은 웃음을 분석하기 위해 몰리에르나 라비슈 등 많은 문학작품을 인용하고 있는데, 그가 이러한 작품들에 나오는 등장인물들의 말이나 행동을 분석할 때 이들이 마치 실제 인간들인 것처럼 분석함으로써 실생활에서의 웃음과 연극에서의 웃음을 전혀 구별하지 않는다. 베르그송 자신이 희극이란 "삶과 예술의 경계에 위치해 있는 것"이라고 말한 대로 희극에서 보이는 희극적인 것을 거의 그대로 사회에 있는 것으로, 그리고 그것을 보고 웃는 관객의 입장이 실생활에서 우리가 어떤 것을 보고 웃는 것과 같은 것으로 분석한다.[1] 그리고 한 가지 더 지적하자면 베르그송이 "인류의 명예를 위해" 인정하기를 꺼렸던 점, 즉 웃음이 늘 정당한 심판을 하는 것은 아니라는 점을 좀더 깊게 파헤쳤더라면 하는 아쉬움이 있다. 웃음은 악도 심판하지만 가장 정직한 것도, 가장 성스러운 것도 아무것도 아닌 것으로 만들 수 있을 만큼 엄청난 잠재적 파괴력을 지녔다. 움베르토 에코의 소설 『장미의 이름 *The Name of the Rose*』에서 늙은 수도사가 지적 호기심에 불타는 젊은 수도사들을 무수히 죽음에 이르도록 한 원인이 웃음에 관해 논하는 아리스 텔레스의 불경한 『시학』이고 보면, 웃음은 그 존재 자체만으로도 신에 도전할 수 있는 것이리라.

이 책은 앙리 베르그송의 『웃음 — 희극성의 의미에 관

---

1 희극의 웃음과 실생활의 웃음의 차이는 랭어Susanne K. Langer의 『감각과 형태 *Feeling and Form*』에 나오는 「위대한 극 형태들 — 희극적 리듬 The great dramatic forms — the comic rhythm」을 참조.

하여』(P.U.F., 103판)를 저본으로 삼아 우리말로 옮긴 것이다. 1900년에 초판이 나온 이래 프랑스에서는 놀라운 판매 부수를 기록하며 세인의 관심을 끌었던 명저가 한국 독자들에게는 그다지 읽히지 않았다는 아쉬움이 이 책을 번역하게 된 첫번째 동기이다. 웃음과 희극에 관련해서는 이 책만큼 기본이 되는 글은 없을 것이다. 두번째 동기를 꼽자면, 19세기의 유물론과 기계론 및 결정론의 영향 아래 만물을 과학적 분석으로 설명하려는 경향에 반하여, 내부에서 직관을 통해 파악되는, 즉 시간 속에 흐르는 우리 자신의 인격과 접촉하기를 갈구했던 베르그송의 철학(生의 철학)에 한 걸음 다가가고자 하는 것이다. 그는 희극적인 것을 설명하면서 '기계적인 것' '자동화된 것' '경직성'을, '유연한 것' '생명적인 것'에 계속해서 대비시킨다. 그리하여 삶의 근저에서 끊임없이 이어지는 운동성, 시간성, 지속성을 강조한다.

글을 읽어가면서 우리는 과학적 기계론에 반기를 든 베르그송의 모습을 대하게 된다. 무엇보다 베르그송은 그의 철학에서 중요한 '생명'의 개념을 중심으로 논리를 전개한다. 생명은 기계로 환원될 수 없으며, 뒤집을 수도 없고, 반복되지 않는 것이다. 이 생명 개념을 사회로 확장하여 유연하고 살아 숨 쉬는 활력 없이, 딱딱하게 굳은 기계와 같은 모습을 보이는 것이야말로 웃음을 불러일으킨다고 주장한다. 특히 3장은 이 책의 백미다. 예술과 희극을 구별하면서 예술이란 무엇인가, 예술가는 어떤 존재인가, 다른 예술과 희극의 차이는 무엇인가에 대해 섬세하면서도 매력적인 분석을 한다. 이 작은 책이 베르그송의 철학과 예술론을 이해하는 좋은 길잡이가 되리라고 확신한다. 번역의 세번째 동기는 옮긴이에게 개인적으로 가장 절실했던 것인데, 우리 사회에 웃음과 희극, 희극성에 관한 논의가 너무 없다는 점에 대한 반성이다. 웃을 수 있는 사람은 가장 행복한 사람일 수 있고, 가장 비판적이거나 풍자적인 사람일 수도 있다. 웃길 수 있는 사람은 자기 자신과 자신이 속해 있는 사회에 대해 전혀 모르는 사람일 수 있고, 거꾸로 그 모두를 명확하게 잘 알고 드러내면서 희극성을 만들어내는 사람일 수도 있다. 웃음의 넓은 스펙트럼을 간파하면 인간과 사회에 대한 이해의 폭이 그만큼 넓어지지 않을까.

이 책은 1992년에 번역되어 초판이 나왔다. 옮긴이의 부족함에도 불구하고 오랫동안 많은 독자의 관심과 사랑을 받았으나 아쉽게도 절판이 되었다. 일부 오역과 오류를 바로잡고 좀더 쉽게 읽히도록 문장을 다듬었다. 그러나 내용이 철학적이고 문체가 다분히 고전적이어서 용어와 표현을 우리말로 옮기는 것이 여전히 쉽지는 않았다. 첨가한 각주들이 독자의 이해에 많은 도움이 되길 바란다.

우리는 늘 누군가의 책을 읽고 그에게서 배우고 그를 넘어선다. 베르그송의 경우도 예외가 아닐 것이다. 이 작은 책을 통해 베르그송이 펼친 논리가 널리 수용되고 비판받기를 기대한다.

2021년 여름
정연복

참고문헌

Bain, Alexandre, *The Emotions and the Will*, 1859; (trad.) P.-L. Le
　　Monnier, *Les émotions et la volonté*, Paris: Félix Alcan, 1885, pp.
　　249~254.

Baldensperger, Fernand, "Les définitions de l'humour," *Études d'histoire
　　littéraire* 1~2권, 1907.

Bawden, Henry Heath, "The Comic as illustrating the summation-
　　irradiation theory of pleasure-pain," *Pychological Review* 17권, 1910,
　　pp. 336~346.

Bergson, Henri, "A Propos de 'la nature du comique'," *Revue du mois* 20
　　권, 1919, pp. 514~517. 본판의 부록에 부분적으로 전재되었다.

Cazamian, Louise, "Pourquoi nous ne pouvons définir l'humour," *Revue
　　germanique*, 1906, pp. 601~634.

Courdaveaux, Victor, *Le rire dans la vie et dans les arts*, Paris: Didier et Cie,
　　coll. 《Études sur le comique》, 1875.

Delage, Yves, "Sur la nature du comique," *Revue du mois* 20권, 1919, pp.
　　337~354.

Dugas, Ludovic, *Psychologie du rire*, Paris: Félix Alcan, 1902.

Dumont, Léon, *Théorie scientifique de la sensibilité. Le plaisir et la peine*,
　　1875, 2e éd., Paris: Librairie Germer Baillère et Cie, 1877, pp.
　　202~226.

————, *Les causes du rire*, Paris: Auguste Durand, 1862.

Eastman, Max, *The sense of humor*, New York: C. Scribner's sons, 1921.

Freud, Sigmund, *Der Witz und seine Beziehung zum Unbewussten*, 1905; 2 판, Leipzig & Wien: F. Deuticke, 1912.

Gaultier, Paul, *Le rire et la caricature*, Paris: Hachette, 1906.

Hecker, Ewald, *Physiologie und Psychologie des Lachens und des Komischen*, Berlin: Dummler, 1873.

Heymans, Gerard, "Zur Psychologie der Komik," *Zeitschrift für Psychologie und Physiologie der Sinnesorgane* 20권, Leipzig: Barth, 1899.

Hollingworth, "Judgments of the Comic," *Psychological Review* 18권, Washington: American Psychological Association, 1911, pp. 132~156.

Kallen, Horace Meyer, "The aesthetic principle in comedy," *American Journal of Psychology* 22권, Urbana: University of Illinois Press, 1911, pp. 137~157.

Kline, L. W., "The psychology of humor," *American Journal of Psychology* 18권, 1907, pp. 421~441.

Kraepelin, Emil, "Zur Psychologie des Komischen," *Philosophische Studien* 2권, Leipzig: Verlag von Wilhelm Engelmann, 1885.

Lacombe, Paul, "Du comique et du spirituel," *Revue de métaphysique et de morale* 5권, 1897.

Lipps, Theodor, "Psychologie der Komik," *Philosophische Monatshefte* 24권, Heidelberg: Verlag von Georg Weiss, 1888.

————, *Komik und Humor, eine psychologisch-ästhetische Untersuhung*, Theodor Lipps & Richard Maria Werner, *Beiträge zur Ästhetik* 6권, Hamburg & Leipzig: Verlag von Leopold Voss, 1898.

Martin, Lillien Jane, "Psychology of Aesthetics: The comic," *American Journal of Psychology* 16권, Urbana: University of Illinois Press, 1905, pp. 35~118.

Mélinand, Camille, "Pourquoi rit-on? Essai sur la cause psychologique du rire," *Revue des Deux Mondes*, Paris: Bureau de la Revue des Mondes, 1895.

Meredith, George, *An essay on Comedy and the Uses of the Comic Spirit*, Westminster: Archibald Constable & co, 1897; (trad.) H.-D. Davray, *Essai sur la comédie et des exemples de l'esprit comique*, Paris: Société du Mercure de France, 1898.

Penjon, Auguste, "Le rire et la liberté," *Revue philosophique de la France et de l'Étranger* 36권, 1893.

Philbert, Louis, *Le Rire*, Paris: Librairie Germer Baillère et Cie, 1883.

Ribot, Théodule, *La psychologie des sentiments*, Paris: Félix Alcan, 1896, p. 342 이하.

Schauer, "Ueber das Wesen der Komik," *Archiv für die gesamte Psychologie* 18권, Frankfurt am Main: Akademische Verlagsgesellschaft, 1910, pp. 411~427.

Spencer, Herbert, *The physiology of laughter*, in *Essays*, 1863; (trad.) A. Burdeau, *La Physiologie du rire*, in *Essais de morale, de science et d'esthétique* 1권, Paris: Librairie Germer Baillère et Cie, 1877, pp. 293~314.

Stanley Hall, Granville & Arthur Allin, "The psychology of Tickling, Laughing and the Comic," *American Journal of Psychology* 9권, 1897.

Sully, James, *An Essay on Laughter*, 1902; (trad.) L. Terrier & A. Terrier, *Essai sur le rire*, Paris: Félix Alcan, 1904.

Ueberhorst, Karl, *Das Komische* 2권, Leipzig: G. Wigand, 1896~1900.

작가 연보

1859   10월 18일 프랑스 파리에서 4남 3녀 중 둘째로 출생.
폴란드 태생의 유대인으로 작곡가이자 피아니스트였
던 아버지로부터 음악과 신비주의의 영향을, 영국 태생
의 유대인인 어머니를 통해서는 어린 시절부터 영어를
익힘.

1863   스위스로 이주. 아버지 미셸이 제네바의 음악학교 교수
로 재직.

1866   가족이 다시 파리로 돌아옴.

1868   10월 리세 콩도르세Lycée Condorcet(국립고등학교)에
입학하여 1878년 7월까지 재학. 모든 과목에서 뛰어난
성적을 기록하며 각종 상을 휩쓰는 등 이때부터 널리
천재성을 인정받음. 1877년 수학경시대회에서 그가 풀
이한 파스칼의 '세 개의 원'에 대한 해법은 수학 전문지
『신수학연감Nouvelles annales mathématiques』(1878)에 게
재되기도 함. 파리고등사범학교ENS 입학시험을 볼 때
"최우수학생"이라는 추천서를 교장이 써줌.

1869 가족이 모두 영국 런던으로 이주. 기숙학교에서 홀로 생활하며 학업을 계속함.

1878 파리고등사범학교에 입학(1881년까지 재학). 에밀 부트루Émile Boutroux와 레옹 올레 라프륀느Léon Ollé-Laprune 등의 강의를 들음.

1881 교수 자격 국가시험Agrégation에 합격. 10월, 리세 앙제Lycée Angers의 교수가 되어 1882년까지 재직.

1883 제임스 쉴리James Sully의 책을 번역하여 『감각과 정신의 착각*Les Illusions Des Sens Et De L'esprit*』이라는 제목으로 파리의 펠릭스 알캉Félix Alcan에서 출판. 9월 28일, 클레르몽페랑에 있는 리세 블레즈 파스칼의 교수가 됨. 1888년까지 재직.

1888 리세 루이르그랑과 콜레주 로랑의 교수가 되어 1890년까지 재직.

1889 『의식에 직접 주어진 것들에 대한 시론*Essai sur les données immédiates de la conscience*』으로 박사 학위 취득.

1890 리세 앙리4세의 교수가 됨. 1898년까지 재직.

1891 1월 7일 루이즈 뇌베르제Louise Neuberger와 결혼.

1892 외동딸 잔Jeanne 태어남.

1894 보르도 대학 강사직 제안을 거절하고, 소르본 대학 교수 지원했으나 채용되지 않음.

1896 『물질과 기억*Matière et mémoire*』을 알캉에서 출판.

1897 콜레주 드 프랑스에서 강의 시작.

1898 소르본 대학의 교수 재차 지원, 채용되지 않음. 런던에서 아버지 사망. 파리고등사범학교의 강사가 되어 1900년까지 재직.

1899 「웃음Le Rire」을 『르뷔 드 파리Revue de Paris』에 발표.

1900 『웃음—희극성의 의미에 관하여』를 알캉에서 출판. 4월 1일, 콜레주 드 프랑스의 교수가 되어 그리스·로마 철학 강좌를 맡음.

1901 12월 14일 도덕·정치학 아가데미 회원으로 선출.

1902 7월 22일 레지옹 도뇌르 슈발리에 훈장을 받음.

1903 1월 「형이상학 입문Introduction à la métaphysique」을 『형이상학·윤리학 평론』에 발표. 수정 보완한 글이 1934년에 출판되는 『사유와 운동La pensée et le mouvant』에 재수록됨.

1904 9월 콜레주 드 프랑스에서 현대철학으로 강좌를 옮김.

1907 레지옹 도뇌르 오피시에 훈장을 받음. 『창조적 진화L'Évolution créatrice』를 알캉에서 출판.

1911 4월 이탈리아 볼로냐에서 열린 제4회 국제철학회에서 「철학적 직관L'intuition philosophique」이라는 제목의 강연을 함. 옥스퍼드 대학교, 버밍엄 대학교 등 영국의 여러 대학에서 강연. 옥스퍼드 대학교에서 명예 과학박사 학위를 받음.

1912   뉴욕 컬럼비아 대학교의 초대로 미국의 여러 대학에서 강연(1912~1913).

1914   도덕·정치학사원 의장으로 선출. 2월 11일 아카데미 프랑세즈 회원으로 선출. 그의 저작이 세계적으로 선풍적인 인기를 끌게 되자 영향력을 우려한 로마 교황청은 「웃음Le Rire」을 제외한 많은 저작물을 금서로 지정.

1917   수상을 역임했던 르네 비비아니René Viviani와 제1차 세계대전의 영웅 조제프 조프르Joseph Joffre와 함께 미국에 파견되어 미국의 참전을 이끌어내는 데 기여.

1918   1월 24일 에밀 올리비에Émile Ollivier의 후계자로 공식적으로 아카데미 회원이 됨.

1919   1901년에서 1913년 사이의 논문과 강연 모음집『정신적 에너지L'Énergie spirituelle』를 알캉에서 출판.

1921   유네스코 전신인 '국제지식협력위원회CICI, Commission internationale de coopération intellectuelle'의 초대원장이 됨. 교육을 통해 개인의 비판적 정신을 고양시킴으로써 세계 평화를 이루는 것이 목표.

1922   프랑스 철학회에서 열린 아인슈타인의 강연에 참석, 상대성 이론에 대해 논쟁. 얼마 뒤 아인슈타인의 시간 개념을 비판하는『지속과 동시성Durée et simultanéité』을 알캉에서 출판.

1924   처음으로 류머티즘 발작 일어남.

1925   건강 문제로 국제지식협력위원회 사퇴.

1927   『창조적 진화』로 노벨문학상 수상. 노벨문학상 선정위
        원회가 1927년에는 수상자를 선정하지 못해 다음 해인
        1928년에 1927년 수상자로 선정.

1930   프랑스 최고의 훈장인 레지옹 도뇌르 그랑크루아를 받
        음.

1932   『도덕과 종교의 두 원천 Les Deux Sources de la morale et de la
        religion』을 알캉에서 출판.

1934   논문집 『사유와 운동』을 알캉에서 출판.

1937   자신의 사유가 점점 가톨릭으로 향한다고 고백. 진작
        개종하지 못한 이유는 유대인들이 핍박받는 정치적인
        상황 때문이라고 함. 건강이 악화되자 투르 시 근처의
        생시르쉬르루아르에서 매년 여름을 보내며 전원의 풍
        경에서 마음의 평안을 느낌.

1940   보르도 부근의 닥스로 피난 갔다가, 11월 파리 16구의
        보세주르가에 있는 아파트로 돌아옴.

1941   1월 3일 자택에서 폐렴으로 사망. 파리 근교의 작은 도
        시 가르시의 묘지에 묻힘.

1978   5월 11일 팡테옹에 다음과 같은 헌사가 바쳐짐. "앙리
        베르그송 ─ 저서와 삶을 통해 프랑스와 인류의 사상을
        드높인 철학자."